新时代万有文库

刘跃进 主编

商君书

［战国］商 鞅·撰
王亚伟·校点

辽海出版社

图书在版编目（CIP）数据

商君书 /（战国）商鞅撰；王亚伟校点. —沈阳：辽海出版社，2025.1

（新时代万有文库 / 刘跃进主编）

ISBN 978-7-5451-6850-1

Ⅰ.①商…　Ⅱ.①商…②王…　Ⅲ.①《商君书》　Ⅳ.①B226.2

中国国家版本馆CIP数据核字（2024）第003514号

出 版 者：辽海出版社
　　　　　（地址：沈阳市和平区十一纬路25号　邮编：110003）
印 刷 者：辽宁新华印务有限公司
发 行 者：辽海出版社
幅面尺寸：160mm×230mm
印　　张：14.75
字　　数：150千字
出版时间：2025年1月第1版
印刷时间：2025年1月第1次印刷
责任编辑：刘英楠
装帧设计：新思维设计　刘清霞
责任校对：张　柠

书　　号：ISBN 978-7-5451-6850-1
定　　价：80.00元

购书电话：024-23285299
网址：http://www.lhph.com.cn
版权所有，翻印必究
法律顾问：辽宁普凯律师事务所　王　伟
如有质量问题，请与印刷厂联系调换
印刷厂电话：024-31255233
盗版举报电话：024-23284481
盗版举报信箱：liaohaichubanshe@163.com

《新时代万有文库》

编辑委员会

学术顾问（以姓氏笔画为序）：

安平秋　李致忠　陈铁民　赵敏俐

詹福瑞　廖可斌

主　　编：刘跃进

编　　委（以姓氏笔画为序）：

王洪军　杜泽逊　吴在庆　冷卫国

张新科　周绚隆　袁济喜　徐正英

蒋　寅　韩高年

出版委员会

主　任： 邬书林

副主任： 郭义强　李　岩　焦万伟　张东平

委　员（以姓氏笔画为序）：

王　雪　王利明　邬书林　李　岩
杨　平　张东平　张国际　单英琪
柳青松　徐桂秋　郭义强　郭文波
焦万伟

商子卷第一

秦 商君公孫鞅著

明 錢塘馮覲晉叔䰞評

魯孫馮玉鳳懍全校閱

更法第一

孝公平畫 計策也

公孫鞅甘龍杜摯三大夫御侍於君。

慮世事之變討正法之本使民之道君曰代立不忘

社稷君之道也錯法務民主長臣之行也今吾欲變

化以治更禮以教百姓恐天下之議我也公孫鞅曰

臣聞之疑行無成疑事無功君亟定變法之慮殆無

（眉批）急則張而相之厥則掃而更之謂之社稷之役公孫殆耳食子此

商子卷第一

秦 衛人公孫鞅著

明 新安程 榮校

更法第一

孝公平畫公孫鞅甘龍杜摯三大夫御於君慮世事之變討正法之本使民之道君曰代立不忘社稷君之道也錯法務民主長臣之行也今吾欲變法以治之道也更禮以敎百姓恐天下之議我也公孫鞅曰臣聞之疑行無成疑事無功君亟定變法之慮殆無顧天下

商君書新校正序

西吳嚴萬里叔卿譔

商君書二十九篇今二十六篇又亡其二實二十四篇

舊刻多舛誤不可讀余參稽眾本又旁搜羣籍勘正其

紕繆而疑其不可攷者然後爲馬魯魚十去三四乃繕

寫一編歸諸插架序之曰太史公爲鞅傳載鞅始見孝

公語未合軼曰吾說公已帝道其志不開悟又說以王

道而未入俗軼亦明於帝王之道不得已而重自貶損

出於任法之說者及觀所爲商君書而知鞅實帝王之

◎光緒二年（1876）浙江書局據嚴萬里本校刻《商君書》

商君書解詁卷一

黟縣朱師轍少濱學

更法第一

更改也。漢書王嘉傳。數更政事。顏注。更亦變也。

孝公平畫。公孫鞅。甘龍。杜摯。三大夫御於君。慮世事之變。討正法之本。求使民之道。孝公名渠梁。秦獻公之子。史記秦本紀。孝公元年。下令國中。賓客羣臣。有能出奇計彊秦者。吾且尊官。與之分土。衞鞅聞令入秦。因景監求見孝公。平評議也。畫計策也。公孫姓。鞅名。衞庶孼公子。故稱衞鞅。以功封於商。又稱商鞅。史記索隱。春秋時甘昭公子帶之後。姓譜。商甘盤之後。見國策。御侍也。慮思也。討治也。論語。討論之。○嚴校。秦本范本無求字。元本有。師轍按絲閣本明評校本吳勉學本程榮本俱無求字。

忘社稷。君之道也。錯法務民主張。臣之行也。孫詒讓札迻曰。錯法務民主張句。義殊不可通。新序善謀篇。作錯法務明主長。是也。當據校正。戰國趙策。趙武靈王與肥義趙造論胡服章文。與此多同。彼云。王曰。嗣立不忘先德。君之道也。錯法務明主長。臣之論也。明長二字。與新序正同。可以互證。師轍按絲眇閣本明評校本吳勉學本程榮本四庫本。俱作錯法務民主張。長字不譌。足證孫詒讓之譌。錯施行也。

今吾欲變法以治。更禮以教百姓。恐天下之議我也。禮也。公孫鞅曰。臣聞之。疑行無成。○嚴校。史記作無名。師轍按唐趙蕤長短經適變篇太平御覽四百九十六。引商君書。皆作無名。也。御覽四百九。引作殆猶天下之議。且夫有高人之行者。固見負於世。見負於世。之累。顏注。關見義於世。漢書武帝紀。士或有負俗十六。引作始猶天下之議。之累。顏注。關彼世議論也。○嚴校。史記作固見非。元本同。司馬貞索隱云。按商君書非作負。今據改。有獨知之慮者。必見訾於民。顏注。訾毀也。殊屬多事。非。元本同。秦本范本作必見非。司馬貞索隱云。按商君書非作負。今據改。有獨知之慮者。世。晨短經適變篇。引作固見非於世。是唐時商君書。已有二本。嚴校。必從索隱改非為負。

总　序

刘慧晏

　　新时代、新征程、新伟业，更加迫切地需要"两个结合"提供支撑和滋养。辽宁出版集团贯彻落实习近平文化思想，着眼于服务"第一个结合"，集海内百余位专家之力，分国内传播、世界传播两辑，出版《马克思主义经典文献传播通考》。巨著皇皇，总二百卷，被誉为当代马克思主义基础研究扛鼎之作。着眼于服务"第二个结合"，辽宁出版集团博咨众意，精研覃思，决定出版《新时代万有文库》。

　　自古迄今，中华文化著述汗牛充栋。早在战国时，庄子就发"以有涯随无涯，殆已"的感慨。即使在知识获取手段高度发达的今天，我想，也绝对没有人敢夸海口：可尽一生精力遍读古今文化著述。清末好读书、真读书的曾国藩，在写给儿子的家书里，做过统计分析，有清一代善于读书且公认读书最多的王念孙、王引之父子，每人一生熟稔的书也不过十几种，而他本人于四书五经之外，最好的也不过《史记》、《汉书》、《庄子》、韩愈文四种。因此，给出结论："看书不可不知所择。"

高邮王氏父子也罢，湘乡曾国藩也罢，他们选择熟读的每一本书，当然都是经典。先秦以降，经典之书，积累亦多矣。虽然尽读为难，但每一本经典，一旦选择，都值得花精力去细读细研细悟。

中华文化经典，是中华优秀传统文化的物质载体和精神表达，凝聚着中华先贤的思想智慧，民族文化自信在焉。书海茫茫，典籍浩瀚，何为经典？何为经典之善本？何为经典之优秀注本？迷津得渡，知所择读，端赖方家指引。正缘于此，辽宁出版集团邀约海内古典文史专家，不惧艰辛，阅时积日，甄择不同历史时段文化经典，甄择每部文化经典的善本和优秀注本，拟分期分批予以整理出版，以助广大读者在创造性转化和创新性发展中赓续中华文脉。

《马克思主义经典文献传播通考》的美誉度，已实至名归。《新时代万有文库》耕耘功至，其叶蓁蓁、其华灼灼、下自成蹊，或非奢望！

出版说明

一、《新时代万有文库》（以下简称"《文库》"）拟收录中华传统文化典籍中具有根脉性的元典（即"最要之书"）500种，选择具有重要学术价值和版本价值的经典版本，给予其富有鲜明时代特征的整理与解读，致力于编纂一部兼具时代性、经典性、学术性、系统性、开放性的中华优秀传统文化经典丛书，深入挖掘和阐发中华优秀传统文化的精神内涵和时代价值，激活经典，熔古铸今，为"第二个结合"提供助力，满足新时代读者对中华文化经典的需求。

二、为满足不同读者的需求，《文库》收录的典籍拟采取"一典多版本"和"一版三形式"的方式出版。"一典多版本"是指每种典籍选择一最精善之版本予以重点整理，同时选择二至三种有代表性的经典版本直接刊印，以便读者比较阅读，参照研究。"一版三形式"是指每种典籍选择一最精善之版本，分白文本、古注本、今注本三种形式出版。各版本及出版形式，根据整理进度，分批出版。

三、典籍白文本仅保留经典原文，并对其进行严谨校勘，使其文句贯通、体量适宜，便于读者精析原文，独立思考，涵泳经典。考虑到不同典籍原文字数相差悬殊的实际情况，典籍白文本拟根据字数多少，或一种典籍单独出版，或几种典籍合为一册出版。合出者除考虑字数因素外，同时兼顾以类相从的原则，按照四部书目"部、类、属"三级分类体系，同一部、同一类或同一属的典籍合为一册出版。如子部中，同为"道家类"的《老子》与《庄子》合为一册出版。

四、典籍古注本选取带有前人注疏的经典善本整理出版。所选注本多有较精善的、学术界耳熟能详的汉、唐、宋、元人古注，如《老子》选三国魏王弼注，《论语》选三国魏何晏集解，《尔雅》选晋代郭璞注，等等。

五、典籍今注本在整理典籍善本基础上，对典籍进行重新注释，包括为生僻字、多音字注音；给难解的词语如古地名、职官、典制、典故等做注，为读者阅读、学习经典扫清障碍。

六、每部典籍卷首以彩色插页的形式放置若干面重要版本的书影，以直观展现典籍的历史样貌及版本源流。

七、每部典籍均撰写"导言"一篇，主要包括作者简介、创作背景、内容简介、时代价值、版本考释等方面内容。其中重点是时代价值，揭示每一种中华传统文化经典所蕴含的优秀基因和至今仍有借鉴意义的思想观念、人文精神、道德规范等，展示中华民族的独特精神标识，彰显中华传统文化经典的"魂"，满足读者借鉴、弘扬其积极内涵的需求，找准中华传统文化与社会主义核心价值观之间的深度契合点，指明每种经典在建设中华民族现代文明中能提供哪些宝贵资源。同时，对部分经典中存在的陈旧过时或已成为糟粕性的内容，予以明确揭示，提醒读者正确取舍，有鉴别地对待，有扬弃地继承，避免厚古薄今、以古非今。

八、校勘整理以对校为主，兼采他书引文、相关文献及前人成说，不做烦琐考证。选择一种或多种重要版本与底本对勘，以页下注的形式出校勘记，对讹、脱、衍、倒等重要异文进行说明，并适当指出旧注存在的明显问题。鉴于不同典籍在内容、体例、底本准确性等方面存在较大差异，《文库》对是否校改原文及具体校勘方式不作严格统一，每种典籍依具体情况灵活处理，并在书前列"整理说明"。

九、《文库》原则上采用简体横排的形式，施以现代新式标点，不使用古籍整理中的专名号。古注本的注文依底本排在正文字句间，改为单行，变更字体字号与正文相区别。

十、《文库》原则上使用规范简化字，依原文具体语境、语义酌情保留少量古体字、异体字、俗体字。《说文解字》《尔雅》等古代字书则全文使用繁体字排印。

《新时代万有文库》编辑委员会

2023年10月

目　录

导言 / 001

整理说明 / 017

定本自序 / 019

初印本自序 / 021

初印本胡序 / 025

初印本尹序 / 028

定本凡例 / 030

卷一 / 033

  更法第一 ················ 034
  垦令第二 ················ 041
  农战第三 ················ 051
  去强第四 ················ 059

卷二 / 067

  说民第五 ················ 068
  算地第六 ················ 074
  开塞第七 ················ 083

卷三 / 089

壹言第八 …………………………………… 090
错法第九 …………………………………… 093
战法第十 …………………………………… 097
立本第十一 ………………………………… 100
兵守第十二 ………………………………… 101
靳令第十三 ………………………………… 104
修权第十四 ………………………………… 109

卷四 / 115

徕民第十五 ………………………………… 116
刑约第十六　篇亡 ………………………… 124
赏刑第十七 ………………………………… 124
画策第十八 ………………………………… 133

卷五 / 143

境内第十九 ………………………………… 144
弱民第二十 ………………………………… 153
□□第二十一❶　篇亡 …………………… 162
外内第二十二 ……………………………… 162
君臣第二十三 ……………………………… 164
禁使第二十四 ……………………………… 167
慎法第二十五 ……………………………… 172
定分第二十六 ……………………………… 175

---

❶ 绵眇阁本作"御盗第二十一"。

附录卷一 / 183

　　严万里《商君书》新校正序 ………… 184
　　严万里《商君书》附考 ………… 186
　　严万里本《商君书》总目 ………… 189
　　绵眇阁本《商子》评语二条 ………… 191
　　孙星衍《廉石居藏书记》商子跋 ………… 193
　　钱熙祚《商子》跋 ………… 194

附录卷二 / 195

附录增补 / 217

　　孙诒让重校《商子·境内》篇 ………… 218
　　《商子》校勘诸家所见各本 ………… 223

导　言

一

商君，即商鞅，姓公孙氏。其祖本姬姓，由于是卫国的庶孽公子，因此有人称他为卫鞅，又因他辅秦有功，被封商、於之地，故有商鞅之称。据钱穆《先秦诸子系年》考证，商鞅约生于公元前390年，约卒于公元前338年，适逢秦、齐、魏、韩、赵、楚、燕争霸的社会大变革时期。商鞅在秦国积极推动变法，成就了秦与六国对抗的新局面，改变了战国时期的政治格局，为秦统一六国打下了坚实的基础，也对秦以后中国古代政治的发展产生了深远的影响。

商鞅的人生经历大致可分为三个阶段：

一是仕魏。商鞅本是卫国人，在他少年时代，弱小的卫国已臣属魏国，以求生存。作为卫国王族庶出的公子，他似乎没有享受到贵族特权，故后来桓宽著《盐铁论》有"商君起布衣"之说。关于商鞅早年的事迹，司马迁《史记·商君列传》说："鞅少好刑名之学，事魏相公叔痤为中庶子。"可见少年时期的商鞅就对法家学说很感兴趣，并因此受到魏相公叔痤的青睐，担任中庶子一职。后来公叔痤病重，魏惠王请问有益社稷之人才，公叔痤说："痤之中庶子公孙鞅，年虽少，有奇才，愿王举国而听之。"大概是因为商鞅当时过于年轻，魏惠王沉默未允。公叔痤又进言："王即不听用鞅，必杀之，无令出境。"公叔痤荐鞅、杀鞅，足以说明商鞅卓异的才能关乎国之兴亡。魏惠王走后，公叔痤将此事告知商鞅，让他速速逃命。商鞅说："彼王不能用君之言任臣，又安能用君之言杀臣乎？"❶商鞅坚持不走，一直到公叔痤去世，由此可见其胆识非凡。

二是辅秦。公叔痤大概卒于公元前361年，此时正逢秦孝公下令国中求贤强秦，于是商鞅弃魏入秦。在景监的引荐下，商鞅见到了秦孝公，并向孝公进说"帝王之道"和"强国之术"。孝公对商鞅的"强国之术"很感兴趣，支持商鞅在秦国推行变法。公元前359年，商鞅劝秦孝公变法，经过与甘龙、杜挚等人的论辩后，得到了秦孝公的全力支持。这次变法的主要内容可以概括为以下几点：实行保甲告奸连坐法；实行小家庭制度；压制工商业，重视农业；废除贵族世禄制，奖励战功。经过十年，收到了"秦民大说（悦），道不拾遗，山无盗贼，家给人足。民勇于公战，怯于私斗，乡邑大治"❷的功效。公元前350年，商鞅在秦国进行第二次变法。变法的内容主要有：继续实行小家庭制度；废止封建制度，创立郡县制度，加强中央集权；废除井田制，确定平民的土地私有权，平均赋税；统一度量衡。至此，商鞅在秦国的改革终于完成。公元前340年，商鞅统兵攻魏，大获全胜，秦孝公将商、於等十五邑封给商鞅。

三是殉法。商鞅变法为秦国奠定了统一天下的"帝王之

---

❶ [汉] 司马迁：《史记·商君列传》，中华书局，1959，第2227页。
❷ [汉] 司马迁：《史记·商君列传》，中华书局，1959，第2231页。

业",但是也侵犯了很多秦国贵族的利益。公元前338年,秦孝公卒,惠文君即位,公子虔等人诬告商鞅造反,商鞅开始了逃亡之路。按照商鞅所立之法,秦国没有人敢容留他,于是他又逃往魏国。魏国人恨他多次助秦击败魏师,也不愿接纳他。商鞅只好逃到封地商邑,发兵抵抗,最后被秦所杀,车裂示众。商鞅在秦国推行新法二十余年,使秦国走向了富强。他因变法成为我国历史上伟大的政治家,也因变法失去了生命,所以陈启天在《商鞅评传》中说他是"殉法"。

今本《商君书》主要体现的是商鞅及法家的思想,但各篇并非作于一人,也非写于一时。关于作者,众说纷纭。张觉《商君书校注·前言》将各家观点分为两类:一是认为整部《商君书》全是后人伪托之作。至于真正的作者,有人认为是战国晚期的秦国人或秦之客卿,有人认为是商鞅的门客后学,有人认为是秦汉间赞成商鞅学说的人,有人认为是《史记》问世后的汉朝人,如此等等。二是认为《商君书》是商君遗著与其他法家遗著的合编。至于哪些是商鞅之作,哪些不是商鞅之作,各家说法也有不同。相较而言,第二种说法更为合理。

二

《商君书》的产生与商鞅学说的流行有很大关系。虽然我们不能确定此书编成的具体时间,也难以说清作者编撰是书的时代背景,但是从整体上了解商鞅思想产生的历史环境并非难事,这也有助于我们认识《商君书》及商鞅其人其事。

商鞅生活的战国中期,是列国长期割据与兼并的时代。七雄争霸,是这一时期政治、军事方面的主旋律。顾炎武《日知录》对此历史阶段的描述经常被学者们征引，用来说明中国社会由春秋到战国发生的诸多变化："春秋时，犹尊礼重信，而七国则绝不言礼与信矣。春秋时，犹宗周王，而七国则绝不言王矣。春秋时，犹严祭祀，重聘享，而七国则无其事矣。春秋时，犹论宗姓氏族，而七国则无一言及之矣。春秋时，犹宴会赋诗，而七国则不闻矣。春秋时，犹有赴告策书，而七国则无有矣。邦无定交，士无定主；此皆变于一百三十三年之间，史之阙文，而后人可以意推者也，不待始皇之并天下，而文武之道尽矣。"❶也就是说，春秋时期尚能保留一些西周之遗风，到了战国时代，政治格局和国家体制发生了根本性的变化，列国之间的兼并战争愈演愈烈，国家权力日益向国君一人手中高度集中，分封制的瓦解已成为历史的必然。

经过春秋时期的兼并战争，到了商鞅所处的时代只剩下七雄和几个小国，天下格局已经发生了根本性的变化。田氏代齐、三家分晋，都是这一时期的标志性事件。战国七雄各自图强，试图通过变法来提升综合实力。其中，魏国最先实行变法，魏文侯、魏武侯任用李悝、吴起等人，变革政治，北灭中山国，西取秦西河之地，成为中原霸主。之后，雄霸南方的楚国也开始改革，楚悼王任用吴起进行变法。不幸的是，变法不过四年，便因楚悼王的去世而夭折，吴起也被楚国贵戚大臣杀死。此外，齐国的邹忌变法，韩国的申不害变法，赵国的赵武灵王胡服骑射，燕国的乐毅改革，都是这一时期重要的政治改

---

❶ ［清］顾炎武著，［清］黄汝成集释：《日知录集释》，中华书局，1936，第245页。

革。可以说，变法是当时各诸侯国走向富强的必经之路，也是时代的潮流。

商鞅入秦之时，正值秦孝公继位为君，秦国开始了一个新的时代。《史记·商君列传》载："公孙鞅闻秦孝公下令国中求贤者，将修缪公之业，东复侵地，乃遂西入秦，因孝公宠臣景监以求见孝公。"❶在秦孝公之前，地处西北的秦国已有秦缪公开创的辉煌。他在位的39年中，努力与晋国修好，建立姻亲关系，打通了东进中原的道路。后来，缪公意欲趁晋文公之丧偷袭郑国，不料却被晋襄公设伏于崤山，全军覆没。秦人东进受阻，只好转而向西开拓，平定西戎，积蓄力量。缪公之后，秦国一度走向衰落。尽管几代秦君仍有挺进中原的行动，但是一直未能突破晋国的制约。到了秦厉共公时期，也就是战国初期，晋国卿室斗争不断，齐国两姓倾轧，楚国君主平庸，吴、越争战不歇，天下局势对于秦国而言趋于有利。尤其是三家分晋，为秦国之后的发展提供了更多的机遇和空间。到秦献公时期，献公力图中兴，迁都栎阳，推行新政，为孝公时代商鞅的全面改革开启了前奏。商鞅入秦后，在孝公的大力支持下着手变法，力图富强。经过二十年的努力，秦国终于赢得了与六国抗衡的新局面，成为当时最强大富足的国家。

商鞅学说的产生并非无源之水，而是与战国时期各诸侯国纷纷变法的时代背景有密切关系。商鞅少好刑名之学，对法家学说兴趣浓厚。他仕魏时，距魏文侯任用李悝推行改革不过数十年。《晋书·刑法志》载："（李）悝撰次诸国法，著《法

---

❶ ［汉］司马迁：《史记·商君列传》，中华书局，1959，第2228页。

经》……是故所著六篇而已……商君受之以相秦。"❶《魏书·刑罚志》亦载："商君以《法经》六篇，入说于秦。"❷《法经》乃李悝创制，在魏国富强的过程中起到了很大作用，也是我国第一部具有代表性的成文法典。虽然《法经》今已亡佚，但是根据史书中保留的篇名，仍可窥见其对《商君书》的一些影响。郑良树《商鞅评传》说："商鞅少年时不但学习过李悝的学问，而且，他和后来的商学派也实践过李悝部分的理想。"❸在魏期间，商鞅应该也受到了吴起的影响。陈启天说："吴起善于将兵和治民的成绩，以比李悝稍近，当更为耳闻目及，受了暗示不少。所以后来商鞅也能以法家而兼兵家。"❹所以说，商鞅的学说至少受到了战国时期法家代表人物李悝、兵家代表人物吴起的影响。

三

《商君书》原二十九篇，今存二十四篇，分别是《更法》《垦令》《农战》《去强》《说民》《算地》《开塞》《壹言》《错法》《战法》《立本》《兵守》《靳令》《修权》《徕民》《赏刑》《画策》《境内》《弱民》《外内》《君臣》《禁使》《慎法》《定分》。另有《刑约》《御盗》两篇，仅存篇名。就其主要内容来看，大体可以概括为以下三个方面：

---

❶ [唐]房玄龄等：《晋书·刑法志》，中华书局，1974，第922页。
❷ [北齐]魏收：《魏书·刑罚志》，中华书局，1974，第2872页。
❸ 郑良树：《商鞅评传》，南京大学出版社，1998，第88页。
❹ 陈启天：《商鞅评传》，商务印书馆，1935，第14页。

一是尚法重刑。《商君书》最核心的思想就是法治,亦即以法令作为治国的唯一工具和不二标准。朱师辙说:"夫商君变法强秦,废封建,改郡县,中国统一之基,成于商君,而其要则在法治。"(《定本自序》)崇尚法治的思想在《商君书》中多有体现,如《修权》《慎法》《定分》等篇,都是围绕法治进行阐说。《修权》论述治国的三大要素,即法度、信用和权柄,主张国君要掌握权柄,推行法度,并遵守信用,不以私情、私议破坏法度。《慎法》反对当时流行的贤治,主张法治,提出"法任而国治"的观点。《定分》记述了商鞅推行法令的具体办法,主张以法令的形式规定人的权利范围,广泛宣传法令,使天下吏民都能明悉法令,人人自治,从而达到国家大治的效果。

与尚法相统一的,是对刑的特别重视。《赏刑》云:"所谓壹刑者,刑无等级,自卿相将军以至大夫庶人,有不从王令、犯国禁、乱上制者,罪死不赦。有功于前,有败于后,不为损刑。有善于前,有过于后,不为亏法。忠臣孝子,有过必以其数断。守法守职之吏,有不行王法者,罪死不赦,刑及三族。周官之人,知而讦之上者,自免于罪,无贵贱,尸袭其官长之官爵田禄。故曰:重刑连其罪,则民不敢试。民不敢试,故无刑也。"所谓"壹刑",就是不分贵贱亲疏,不论过往的功绩,只要犯了罪,就要施以重刑,并株连治罪。作者主张"壹刑""重刑",有利于保障法的权威性,推动法治,其最终目的则是"无刑"。

二是尚力重战。商鞅的学说产生于战国七雄争霸的时代,列国之间的竞争是综合实力的竞争。《画策》云:"所谓强者，天下胜。天下胜，是故合力。"能够集中天下人的力量，自然是强者中的强者。《慎法》云："国之所以重，主之所以尊者，力也。"在国与国的交往中，国家实力是提高国家和国君地位的根本。《说民》云："国以难攻，起一取十。国以易攻，起十亡百。国好力，曰以难攻。国好言，曰以易攻。"对于治国而言，好言和好力会得到不一样的成效。好力的国家，往往容易在竞争中取得真正的、长久的胜利。又说："作一则力抟，力抟则强。强而用，重强。故能生力，能杀力，曰攻敌之国，必强。"国家的力量主要来自民众，民众的力量集中，国家就强大。要做强大的"攻敌之国"，国君必须善于培养力量，又能消耗力量。

《商君书》主张生力以富国强兵，杀力以事敌劝民。所谓"杀力"，就是通过战争杀敌来消耗民众的力量，统一民众的努力方向，使国家走向富强。如《去强》说："能生不能杀，曰自攻之国，必削；能生能杀，曰攻敌之国，必强。故攻官、攻力、攻敌，国用其二，舍其一，必强；令用三者威，必王。"作者将攻敌作为成就王业的重要方面之一，可见对于战争的重视。不仅如此，《商君书》中的《境内》专门阐述了军队、战争方面的制度，《战法》论述战争的策略，《立本》阐说强兵的根本办法，《兵守》论说军队守城之事，皆是与战争相关的篇章。在作者看来，战争不只是国家和士兵的事，全民都应该重视战争。所以，《赏刑》阐说"壹教"云："是父兄、昆弟、知识、婚姻、合同者，皆曰：'务之所加，存战而已矣。'夫故当壮者务于战，老弱者务于守，死者不悔，生者务劝，此臣所谓壹教也。民之欲富贵也，共阖棺而后止，而富贵之门必出于兵，是故民闻战而相贺也，起居饮食所歌谣者，战也。"由此可见作者对战的重视。

三是尚农重民。商鞅对农的崇尚程度，可与对战的重视相提并论。《商君书》中的《农战》着重阐述的就是重农和重战两个政策的重要性。《农战》云："圣人知治国之要，故令民归心于农。归心于农，则民朴而可正也，纷纷则易使也，信可以守战也。"又云："明君修政作壹，去无用，止浮学事淫之民，壹之农，然后国家可富，而民力可抟也。"与重战一样，作者认为尚农也是富国强兵的重要途径。陈启天《商鞅评传》将商鞅实行重农政策的方法归纳为两大类：一是用政治的方法抟民于农，二是用经济的方法抟民于农。《垦令》集中记述了商鞅尚农政策的二十种办法，如无宿治、訾粟而税、无以外权爵任与官、禁声色、废逆旅、重刑而连其罪等，其目的在于督促民众专力于农。

与尚农、重战密切相关的是重民，因为民是农、战的主体。《商君书》中的《说民》《徕民》《弱民》三篇直接体现了作者对民的重视。不过，《商君书》的重民和儒家的民本思想有本质差异。儒家重民，主要表现为贵民、安民、爱民等。《商君书》则以治国、强国作为最终目的，在阐述观点的过程中表现出了对民的重视。《说民》论述民众与政治的关系，重点关注的是治理民众的问题，提出了"民胜其政，国弱；政胜其民，兵强"的观点。《徕民》虽然不是商鞅之作，但内容值得重视，其主旨是以优待政策招徕韩、赵、魏的民众，让他们到秦国垦荒，促进秦国的发展。作者认为，秦国能胜三晋却不能屈之的原因在于，秦国能取其地而不能夺其民。《弱民》主张实行弱民的政策，使民众不敢犯法，如此国家才能强盛，所以"有道之国，务在弱民"。

总的来说，《商君书》最核心的内容是以法治作为国家的富强之道。胡韫玉说："要之，商君学说在战国时能独树一帜，取效于一时，盖已确然见国家之治在于法、信、权三者。法为国家之威，权为君主之柄，信为社会之裁制。使商君本此三者，不以专制临之，不以犬马策之，不以严刑求之，当已早造成一法治国之模范。"❶至于政治、军事、经济等方面思想的丰富性，限于篇幅，此不详述。

四

商鞅变法使秦走向强盛，他的学说在后世产生了深远影响，但是后人对他的认可度并不高，《商君书》也备受冷落。这大概是因为在以儒家思想为主流的我国古代社会，士大夫普遍认为商鞅及其学说与仁义道德背道而驰。一直到晚清民国，知识分子救亡图存、整理国故，加上西方法治观念的传播，商鞅及《商君书》才逐渐被国人重视。梁启超编《中国六大政治家》，以商鞅为第二，以之为"法学之巨子""政治家之雄"，明确了商鞅的价值和地位。时至今日，人们对商鞅及《商君书》已有一定了解，但仍不免严刑峻法、寡恩少义的刻板印象。站在新时代，我们应该以唯物史观为指导，以科学的态度审视中华优秀传统文化经典文献，发掘其中的丰富内涵和

---

❶ 胡韫玉：《商君学说》，收录于《子藏·法家部·商君书卷》第八册，国家图书馆出版社，2015，第127页。

时代价值。

在新时代的历史起点上,《商君书》作为战国时期法家学派的重要代表作,其崇尚的法治虽与今日之法治有本质不同,但于当今社会仍有重要借鉴意义。下面试举几例:

一是公正之于法治的重要性。公正是法治的灵魂,是今天我们的共识。英国哲学家穆勒说:"每个人得到应得的东西(无论是善或恶)被普遍认为是正义的,而一个人得到他不应得的善或遭受不应得的恶则被普遍视为是不义的。"❶《商君书·赏刑》提出的"壹赏""壹刑"的政治主张,其基本精神之一就是公正。作者阐释"壹赏"云:"所谓壹赏者,利禄官爵抟出于兵,无有异施也。夫固知愚、贵贱、勇怯、贤不肖,皆尽其胸臆之知,竭其股肱之力,出死而为上用也。"虽然赏赐只加于军功,不用在其他方面,但是不计贵贱贤愚,在一定程度上仍旧体现出了法治之公正。"壹刑"即统一刑罚,不论等级亲疏,不计过往功劳,只要当下违禁犯法,就应该施以重刑并连坐。《管子·七法》云:"尺寸也,绳墨也,规矩也,衡石也,斗斛也,角量也,谓之法。"❷法是衡量、规范、引导社会生活的准绳。先不论量刑之轻重,《商君书》主张的"刑无等级"显然具有进步意义。《赏刑》最后说:"圣人以功授官予爵,故贤者不忧。圣人不宥过,不赦刑,故奸无起。圣人治国也,审壹而已矣。"公正是人类社会恒久存在的价值

---

❶ [英]穆勒著,叶建新译:《功利主义》,九州出版社,2006,第103页。

❷ 黎翔凤撰,梁运华整理:《管子校注》,中华书局,2004,第106页。

哲学问题，也是国家治理过程中的难题。《商君书》所说的"审壹"，即统一赏赐、刑罚和教育，正是追求公正的重要体现。

二是人民之于国力的重要性。上文说到，由于民众是农、战的主体，所以《商君书》表现出了对民众的重视，特别重视发掘民众的力量。《农战》云："善为国者，其教民也，皆作壹而得官爵，是故不官无爵。"又说："作壹则民不偷营，民不偷营则多力，多力则国强。"作壹，在此指专务农、战。如果民众能够专力于农、战，国家就会强盛。反之，如果民众从事技艺，经营商业，搞手工业，崇尚浮华的学问，追逐国外势力，土地就会荒芜，国家必定衰落。商鞅的学说有其产生的社会环境和文化土壤，我们不能以之解决今天面临的时代问题，但是可以从中吸取经验。在商鞅所处的战国时期，农业可以富国，可以使民朴壹易治，可以强兵。时至今日，农业对于一个国家而言依然很重要，但是国与国之间竞争的关键已不是农业，而是科技创新能力。《商君书》主张的驭民、愚民之术，显然已经不能适应今天的社会发展。与之不同，我们今天强调的是坚持以人民为中心的新发展理念，主张调动人民群众作为创新主体的积极性，通过体制机制创新释放创新的能量，激发人才活力，解放和发展生产力。当然，创新的根本目的是服务人民。

三是治安富强之于国家的重要性。变法是战国时期各诸侯国的选择，其目的在于强国，在兼并战争中取得优势，成为霸主。高亨说："商鞅们变法的政治目的有四个，'治''富''强''王'（王指统一当时的中国）。这在

《商君书》里是常见的。就是使国家在地主阶级专政下，取得治安富强的效果，从而成就王业。这四个目的是结合在一起的。所以《商君书》说：'强者必治，治者必强。富者必治，治者必富。强者必富，富者必强。'（《立本》）又说：'强必王。'（《去强》）秦国在商鞅变法后，果然治安富强了，又经一百三十年，秦始皇果然统一了当时的中国。他们达到了远大的政治目的。"❶如今，富强作为社会主义核心价值观的第一个内容，也是国家层面的价值要求的首位，无疑具有重大意义。党的二十大审时度势，进一步作出了全面建成社会主义现代化强国"两步走"的总的战略安排：第一阶段是在2035年基本实现社会主义现代化；在基本实现社会主义现代化的基础上，到本世纪中叶将我国建设成为富强民主文明和谐美丽的社会主义现代化强国。可以说，富强是中华民族的美好夙愿。虽然时代不同，实现富强的方式和目的不同，但是中国人对于富强的向往和追求，古今一也。

五

《商君书》何时成书，目前未有定论。不过书中的个别篇章如《靳令》，在战国晚期已有流传。西汉司马迁自称读过商君《开塞》、《耕战》（即《农战》）书，但是没有提及与商鞅相关的书名。与之有关的书名之著录，最早见于《汉书·艺文志》，法家类有《商君》二十九篇，兵权谋类有《公孙鞅》二十七篇。文献中首次提到《商君书》之名，是在三国

---

❶ 高亨注译：《商君书注译》，中华书局，1974，第4页。

时期蜀汉刘备的遗诏中。梁庾仲容《子抄》录《商子》五卷，《隋书·经籍志》著录《商君书》五卷。此后，《旧唐书·经籍志》《新唐书·艺文志》《宋史·艺文志》均有著录，题作《商君书》或《商子》，五卷。

在《商君书》流传的过程中，宋代的史书、书录的著录情况值得注意。晁公武《郡斋读书志》著录《商子》五卷，并说："本二十九篇，今亡者三篇。"❶郑樵《通志·艺文略》著录《商君书》五卷，并说："汉有十九篇，今亡三篇。"❷这里的"十九篇"，疑"十"前脱"二"字。陈振孙《直斋书录解题》著录《商子》五卷，并说："《汉志》二十九篇。今二十六篇，又亡其一。"❸可见《商君书》或《商子》在宋代已经残缺不全。

今知《商君书》最早的版本是元刊本。据清人严万里《商君书总目》后按语称："余得元镌本，始《更法》，止《定分》，为篇二十六，中间亡篇二：第十六、第二十一，实二十四篇。"遗憾的是，元刊本今亦亡佚。明代《商君书》有嘉靖间刊《范氏奇书》本（即范钦天一阁本）、秦四麟藏本、观妙斋刊本、绵眇阁刊《先秦诸子合编》本、《且且庵初笺十六子》本、程荣刊《汉魏丛书》本、《二十子全书》本、《诸子品节》本、《诸子合雅》本等。到了清代，《商君

---

❶ [宋]晁公武撰，孙猛校证：《郡斋读书志校证》，上海古籍出版社，1990，第494页。

❷ [宋]郑樵：《通志》，中华书局，1987，第797页。

❸ [宋]陈振孙撰，徐小蛮、顾美华点校：《直斋书录解题》，上海古籍出版社，1987，第291页。

书》最流行的版本是严万里校本。该本以元刊本为底本，校以明范钦天一阁本、秦四麟藏本，于光绪初年由浙江书局刊入《二十二子》。后来，此本经常被翻刻，各种《商君书》注本大多以之为底本。除此之外，清代的《商君书》还有《四库全书》本、《问经堂丛书》本、《指海》本、《子书百家》本等。

民国时期，《商君书》的注疏本开始涌现。如王时润《商君书斠诠》、尹桐阳《商君书新释》、朱师辙《商君书解诂》、支伟成《商君书》、简书《商君书笺正》、陈启天《商君书校释》、蒋礼鸿《商君书锥指》、朱师辙《商君书解诂定本》。

新中国成立以来，《商君书》的重要注疏本有高亨《商君书注译》，贺凌虚《商君书今注今译》，张觉《商君书全译》《商君书校注》《商君书校疏》，周立昇等编著的《商子汇校汇注》等。

根据"新时代万有文库"丛书的编纂要求，本次整理选择古籍出版社于1956年刊印的朱师辙《商君书解诂定本》作为底本，校以《商君书解诂》民国五年（1916）手稿本、《商君书解诂定本》民国三十七年（1948）国立中山大学排印本，并参考是书引用的诸书进行校正。之所以选择朱师辙《商君书解诂定本》，主要是因为此本以严万里校本为底本，校以明代以来二十多个《商君书》的本子，同时还参酌了前代类书和前人的校释成果，是公认的好的注解本。而古籍出版社于1956年刊印的《商君书解诂定本》，经过作者校正误字，增补附录，较民国三十七年（1948）国立中山大学排印本、民国五年（1916）

手稿本更胜。整理过程中参考了高亨《商君书注译》（中华书局1974年）、张觉《商君书校注》（岳麓书社2006年）。

整理说明

一、本书是对朱师辙《商君书解诂定本》的整理，以古籍出版社1956年版《商君书解诂定本》作为工作底本，校以《商君书解诂》民国五年（1916）手稿本、《商君书解诂定本》民国三十七年（1948）国立中山大学排印本，并广泛参考是书所引诸书进行校正。

二、本书的整理是在客观呈现所据底本原貌的基础上稍作校订，为现代读者提供阅读便利，除对底本作分段外，其编次先后、原注形式均一仍其旧，不作改变。

三、按照"新时代万有文库"丛书的编纂体例，本书采用简体横排的形式。底本中的异体字、俗体字、别字，在不影响文义理解的前提下一律径改，不另出校记。但是，若涉同一文字的不同字形，不加区分会严重影响文义时，则保留底本所用字形。

四、为了客观呈现作者原意，方便读者阅读，本书在底本句读的基础上进行标点，如非必要，尽量不作异于原书句读意义的断句。

五、本次整理仅对重要异文、错漏之处作必要的、简明的校勘。底本有明显错漏者，以校记形式正之补之，但不作烦琐考证。底本有重要异文者，在校记中说明异文，不作是非判断。

六、底本有作者朱师辙撰写的凡例，按照原书仍置于序文之后，读者应注意与本整理说明相区别。

定本自序

余弱冠喜读先秦诸子，每读一种终篇，必作书后，考证流别。李梅庵师索观，为遗失。清季甲午庚子事变后，朝野竞言变法，广设学校。姚仲实先生教授安徽高等学堂，选《商子·更法》篇为讲义，篇中有"郭偃之法"一语，不知郭偃何时人。遍询名宿，未得出处。值余应安徽提学使沈子培先生之招赴皖，访之。姚先生举以相质，答见《国语》《韩非子》，乞代检查。余检《晋语》韦昭注，谓卜偃为晋掌卜大夫郭偃。《韩非子·南面》篇亦有"郭偃毋更晋"之文。示之，渠惊喜叹服。

窃以商君变封建为郡县，而主法治，兼修农战，实为当今之要务，然其书旧无治之者，始有志校注。后先君教授上江公学，亦选《垦令》篇讲授，间为之注。余乃取严万里本，复以各本校之，发见妄改甚众，遂仿孙氏《墨子间诂》例，而为解诂。至民国初元，游北京，假图书馆及友人书，复加考证，校注略备。民国十年，故友胡子朴安见之，携上海付广益书局印行，是为初印本。时余典国务院秘书厅图书，有杨氏守敬观海堂藏书，及清方略馆资政院各图籍，都数十万卷。又余秉笔清史馆，馆中藏书亦数十万卷，而故宫博物院、北平图书馆，亦可假观。后复漫游南北，所获愈众，简端书满，益以另纸签注。乙亥，教授成都华西大学，程芝轩主任请讲《商君书》，旧本难购，乃重为付印，仓卒未能将稿重编，仅稍加增补订讹而已。是为华西再版排印本，比初印较胜。芦沟事变后二年，因病重回燕都，养疴谢客，寻绎增补，日必编写，积二年写完四卷。旋以教书辅仁、中国二大学，稍辍业。两校再开《商子》课程，随时仍有增订。甲申暑假，发愤将卷五写毕，继再补辑附录，遂为定本。计余治《商君书》始于丁未，终于丁亥，都四十年，与倭事相终始。今虽幸获战胜，而内政不修，法治未立，官吏贪残，民人愁痛，无所措其手足，能无唏乎。

夫商君变法强秦，废封建，改郡县，中国统一之基，成于商君，而其要则在法治。法贵上下共守，至公无私，故能著其效。是其治国精神，实有不可废者。今秋来粤中山大学讲学，王抚五校长睹余书而善之，为刊入《中山大学丛书》。又得孔肖云主任力赞其成，始克集事。是非诸君子提倡学术，以为世范，曷能臻此。《诗》曰："风雨如晦，鸡鸣不已。"固当为诸君子诵之。而余尤当感谢，永矢弗谖者也。

民国三十六年十二月三十日，东华旧史黟县朱师辙，旧籍隶吴县，书于广州石牌中山大学宿舍，辽河路二十八号，时年六十有九。

初印本自序

《汉书·艺文志》"法家":"《商君》二十九篇。"班固自注:"名鞅,姬姓,卫后也,相秦孝公,有列传。"师辙按,《汉志》"兵权谋"又有"《公孙鞅》二十七篇",盖商君专言兵者,今人有谓同为一书,非也。**《诸葛亮集》始称为《商君书》**,《诸葛亮集》先主《遗诏》敕后主曰:"读《汉书》《礼记》,闲暇历观诸子及《六韬》《商君书》,益人意知。"隋、唐书《经籍志》俱云《商君书》五卷。《新唐书·艺文志》:"《商君书》五卷,商鞅撰,或作《商子》。"《商子》之称始此。《四库全书总目提要》谓"称《商子》自《隋志》始",误。

郑樵《通志》仍称《商君书》,晁公武《读书记》则称《商子》,以后诸家俱称《商子》,严万里校本始复改题《商君书》。**卷数同,俱云"《汉志》二十九篇,今亡三篇"❶**。师辙按,唐魏征《群书治要》引《商君子》,《修权》篇前有《六法》篇。宋本已无此篇,知唐时《商君书》尚完全,诸篇亡失,当在唐末五季之乱矣。陈振孙《书录

---

❶ 郑樵《通志》卷六八《艺文略第六》"法家"云:"《商君书》五卷。秦相卫鞅撰。汉有十九篇,今亡三篇。"疑脱"二"字。

解题》"杂家类"❶：《汉志》以下，俱列法家。《解题》《通考》《宋史》，改列杂家。❷"《商子》五卷。《汉志》二十九篇。今二十八篇❸，又亡其一。"郑、晁二家在陈氏前，俱言已亡三篇，而陈本反多一篇，岂所见之本不同欤？抑别有错误欤？师辙按，陈氏云二十八篇，疑二十六篇之讹。亡一篇，当指第二十一篇其目亦亡而言。独绵眇阁本作"御盗第二十一"，有目。今所传本，目凡二十有六，而有目无书者二篇，《刑约》第十六篇亡，第二十一篇并目亦亡矣。绵眇阁本虽有《御盗》之目，而篇亦亡。实二十四篇，据严万里《叙目》所言，元本已亡第十六、第二十一两篇，亦只二十四篇。则又非宋本之旧矣。

　　商君以法家而兼兵农，其治国严刑法，重垦耕，尚战伐。秦国富强，六世而并诸侯，皆商君之教也。刘向《新序》论曰："商君极身无二虑，尽公不顾私，使内急耕织之业以富国❹，外重战伐之赏以劝戎士，法令必行，内不阿贵宠，外不偏疏远，是以令行而禁止，法出而奸息。故虽《书》云'无偏无党'，《诗》云'周道如砥，其直如矢'，《司马法》之励戎士，周后稷之劝农业，无以易此。"今本《新序》无此文，《史记》裴骃《集解》

---

❶ 陈振孙《直斋书录解题》卷一〇，《商子》被列入法家类。

❷ 马端临《文献通考·经籍考》卷三九、《宋史》卷二〇五，《商子》均被列入法家类。

❸ 陈振孙《直斋书录解题》卷一〇"法家类"云："《商子》五卷。秦相卫鞅撰……《汉志》二十九篇，今二十六篇，又亡其一。"

❹ "使内急耕织之业以富国"，《史记》卷六八《商君列传》裴骃《集解》引《新序》此句"使"字后有"民"字。

引。信乎其言也。然则商鞅治国之经，法治成效，固有国者所不能废也。蒙所不慊于鞅者，毁孝弟、弃诚信而已。若能惩其失而去其疵，则其术实足以致治。诸葛治蜀，实行鞅术，至德要道弗蹈，后世称焉。学者不察，徒以子长讥其刻薄寡恩，更生诋其无信，遂屏其学，辍而弗治。其学不显，此一因也。两汉以降，人主假崇儒之名，行专制之实，治理罔遵法度，诛赏率由好恶，荡决藩篱，弁髦宪典矣。而鞅之言曰："有道之国，治不听君，民不从官。"盖其立法之旨，实君民同纳于轨物，上下胥以法律为衡，非独官吏弗能行其私，人主亦弗得肆其志。是以专恣桀君，骄奢裔胄，丰禄贵卿，贪残蠹吏，莫不疾法律如寇仇，而痛诋鞅学。才知之士，思为世用，遂亦莫敢昌言治其学。其学不显，此又一因也。然有国家则不能无法治，故言治者莫能废其学。窃其实，遗其名，《商君书》流传至今而不废者以此，终莫肯为之注者亦以此。悲夫！归有光《诸子汇函》仅录《垦令》《农战》《算地》《开塞》《徕民》五篇，间有解释，是否旧注，莫能明也，然其书亦甚浅陋。

方今华夏共和，荡涤积秽，崇尚法治，远则西欧，而不知商君已倡于二千年前。数典忘祖，得无惧乎。师辙不揣谫陋，爰取斯书，重为董理，以贡当世，想亦谋国君子所乐睹也。惟其书流传代淹，舛误滋甚，清严万里虽为校正，稍稍可读，然注尚阙如。明代各校本，皆不逮严氏之精。蒙因以其本为主，严万里所校全文，附录注下，加"严校"以别之。而以俞樾《诸子平议》、孙诒让《札迻》所校，参综考读，疑滞尚众。复取明吴勉学、程荣诸家刊本，师辙按，《商子》钞刊本，严氏所见有元刻本、秦四麟本、范钦本、叶校本，俞氏所见有郑寀本、孙星衍本、施氏先秦诸子本，孙氏所见有严万里校刊本、孙星衍校刊本、钱熙祚校刊本、传录严可均校本。以上诸本，间有余所未见者。余所见《商子》本，又有为诸家所未见者，如明吴勉学校刊《二十子》本、绵眇阁本、程荣《汉魏丛书》本、嘉靖己未冯觐评校本、清四库钞本、朱尉然刊本、孙氏问经堂刊本、崇文局本。此外，明归有光《诸子汇函》本，陈仁锡《诸子奇赏汇编》本则仅录《商子》数篇，非全文也。及《意林》《群书治要》《太平御览》等书所引，稽其同异，正其谬误，掌核有年，增订孔多，谨依经谊字例，博采古籍，为之注释。训诂多折衷于先大父《说文通训定声》。《垦令》一篇，家君旧有诠释，谨载于篇，又复缀辑异文，厘为附录二卷，刊诸编末。校雠既竣，题曰《商君书解诂》。昔何邵公注《公羊》，以"解诂"命名，盖谓判其滞结，通其指义。间尝窃取，用题斯编，掺拔彗以清尘，导来学夫先路。当世君子，有匡纠其谬者，尤私幸焉。

民国五年，吴县朱师辙叙。

初印本胡序

商君卫之诸庶孽公子也，少好刑名之学。因政治之阅历，加以学术之研究，虽在少年，已能自成条理，故公叔痤贤之。卫不能用，相秦以强其国。秦之所以能兼并六国者，皆商君变法之功。

当战国时，策士纵横，诸侯争战，人民不得休息，国家时虞危亡，士之抱一艺者，皆思出其术以易天下。商君综核名实，喜决断，尚严峻，重秩序，尊约束，见策士以游说之口颠倒是非，徒为争战之媒，不能收富强之效，于是主尚朴之说而弃文。又以干戈既起，兵连祸结，靡有已时，思有以弭之。断非空言可以济事，惟有以大力压之，使好战者屈服于大力之下，所谓"杀以止杀"是也。于是主尚力之说而重武，此农战之说所由起也。农战虽为致富强之术，而所以使民能农战者，必有一强有力之政府以督责之。此强有力政府之组织，又必以法律为根据，法立而分定，君尊臣卑，上逸下劳，遂成为法律上之条件。所以人民各服其职，惟君主之命令是从，或有不从者，即当以严刑随其后。严刑并非以虐民。君主统治人民，应有率人民守法之责任。率人民以守法，与其赏之厚，不如罚之必。盖知识低浅之人民，无道德之观念，无法律之思想，惟有以刑威之，始能整齐严肃，一而可用。

就商君之学说，而求其条理，以法为体，以刑为用，以农战为目的。君主守法以用刑，严刑以督民，则农战之事可以如身之使臂，臂之使指。其务农也，算地以定垦，地有余而民不足，则徕民以垦之，然后重粟菽，轻末技，以尽力农之利。其务战也，壹言以教练之，明赏罚以驱策之，然后尊公斗，贱游说，以作能战之气，使民非农无事，非战无功。农战为富强之本，明法严刑又为农战之本，商君学说之一贯者此也。

综观商君学说，有创作之精神，言今不言古，言人不言天，言刑法不言仁义，言武力不言文教，尽举旧有之道德而排斥之，以个人之善恶无足轻重，惟人民对于国家有服从之义务，国家对于人民有无上之权威。以此之故，所以务在严刑以临民，此固由于商君天资之刻薄，抑学说之结果必至于如是也。特是国家与君主不分，刑罚太峻，君权必尊，极其流弊，法律将失效力，以君主之意思强制人民之必从，造成君主专制之政治。此商君学说之弊一。商君提倡人民尚朴、尚力之习惯，而以农战为要务，不思启发人民之知识，惟愚民以求易使，剥人权太甚，亦不合进化之公理，养成人民椎鲁之风俗。此商君学说之弊二。

要之，商君学说在战国时能树一帜，取效于当时，盖已确然见国家之治在于法、权、信三者。法为国家之威，权为君主之柄，信为社会之裁制。使商君本此三者，不以犬马策之，不以严酷求之，当早已成一法治国之模范。惜乎战国之时，权君方肆，蚩蚩之民又不知有学问之事，时会所趋，无可为何，非商君一人之罪也。

《商君》一书，治者颇鲜，其中于诽谤几二千年，无人求其学说之条贯，为之疏通而说明者，良由其书读之不易也。友人吴县朱少滨治《商君书》既卒业，为之解诂，精确详核，《商君书》始可读。余更就其本书演绎其谊，贯通其旨，制为此篇，非以序少滨之《解诂》，聊为治《商君书》者之一助云尔。

泾县胡韫玉朴安序。

初印本尹序

治先秦诸子书者，当审谛十事：通训诂一也，定句度二也，征故实三也，斠异同四也，订羡夺五也，辨声假六也，正错忤七也，援旁证八也，辑逸文九也，稽篇目十也。十者阙一，不足成学。

盖周秦文籍年代旷远，中更篆籀之变迁，简册之舛贸，晋唐之俗书，宋元之羼窜，自非参互博稽，深挈精勘，谕词例、字例之条流，达文身、句身之品式，不逞臆武断，诡更正文，不拚掇野言，皮傅孤证，未易穿通绠阁、妙达神恉也。汉世都水《别录》即肇举伪文之例，高诱注《吕览》《淮南王书》，类以声音训诂解。沿及至晋、唐，束皙、王劭、颜籀之伦，益蔚然四起。宋明儒者钻研心性，其于故书雅记，未遑理董。清代文学复古，校雠之业远迈前祀，其间高邮王氏父子郅为精博，晚有瑞安孙诒让实能方物。而余杭章先承其师俞樾之学，兼广其术于孙氏，渥衍滂沛，巍然为东南大师焉。宇内通人孔多，未得奉手，里闬所接，有刘师苍张侯、师培申叔兄弟，绍承家学，多所撰著，不幸物故，其业未竟。平生师友，吴越间则淳安邵瑞彭次公、杭县马叙伦夷初、泾县胡韫玉朴安、歙县洪汝怡棣臣，皆湛深经术，能广高邮之朴学者也。

而同门吴县朱师辙少滨者，尤专纯遑绝，时欲摩撽诸子。少滨为允倩先生之孙，吾师仲我先生之子。三世经学，与吾乡刘氏相拟。近成《商君书解诂》，探赜索隐，冰解的破，信可谓修学好古、实事求是者矣。曩在秣陵，侍仲我先生之末席，获闻汉唐以来校雠家之通例，常与少滨相往复。嗣从游枞阳，益以探讨流略、谠正文字为务。猥以沟瞀，谬辱师门眷顾，尝以《管子解故》相诿諈。惮其奥博，未敢著笔。比浪游南北，学植浸荒。今少滨成书戛然，对之令人惭悷。《商君书》文质字古，在昔号为难治，二千年来，罕闻拥彗。今幸补苴罅漏，开塞启明，俾尚古之籍，怡然理顺，岂非天下学人之大幸邪。缮帋寻绎，叹莫能加，因举清儒以小学治诸子之家法，及并世友生之成业，觊与少滨共扬榷焉。

仪征尹炎武硕公。

定本凡例

一 《商君书》亦称《商子》，考详前序。旧无注释，文奥字讹，读者病焉。自严万里即可均。校本出，略可读，然舛误妄改，谬处尚夥。余因以严本为主，附录严校全文于各条下。以自明以来二十余本校之，各本名称见附录后。订其异同谬误，择善而从，附于严校之下。故学者读此一本，无异遍读各本。

一 严万里即严可均，人多不知。乌程范声山锴《花笑廎杂笔》卷四云："乌程严铁桥名可均，字景文。铁桥，其号也，初名万里，为归安学生。乾隆末，游学京师，以宛平籍应嘉庆庚申乡试，举进士不第，改还本籍。道光壬午，除严州建德教谕。乙未，引疾归。"近《文澜学报》第三卷一期影印严铁桥《尔雅一切注音义》手稿，首叶题归安严万里铁桥，又盖严可均之印，方形阳文，铁桥阴文，亦方形。考归安地，春秋时属吴，后归越，故题西吴。清湖州府，治归安、乌程二县。民国改名吴兴。故知万里、可均，实为一人。孙诒让《札迻》以严可均传钞本，订严万里校本，亦不知其为一人，故附记以告读严校本者。

一 严校本注旧本作某，或云秦本、范本作某，余所见各本，与秦本、范本及旧本同者，皆不再注，以省赘文。然间有虽同，而以为可供研究者，仍注各本同某本。

一　严校本多据范本，然尚多异同。而严校并不注范本作某，实范本优胜。而从秦四麟改本之谬者，因不注明范本作某，故人不知其谬，今以范本及各本证之。如《赏刑》篇"卒裂土封诸侯"，"卒"各本作"弈"，明评校本作"奕"。师辙按，"弈"，误字，作"奕"是。奕，大也，谓大封诸侯。严校因"弈"字不通，妄改"卒"，或从秦本妄改。而不注明范本作"弈"，无从知改"卒"之误。《禁示》篇"或曰"，各本俱作"员曰"。"员"乃"君"之误，严校改"或曰"，而不注范本作"员曰"，亦使人无由知其为"君曰"之误。又《赏刑》篇"倒载干戈"，师辙按，各本皆作"戟戈"。"戟"乃"戬"之误字。《说文》："戬，盾也。"此实足证《商子》为古籍。戬，乃古字仅存者。严校改"干戈"，而不知证明其误，有失古义。幸而尚注明秦本、范本作"戟戈"，人尚易知其误。如此类者尚多，今皆补引各本，以证明其误，而俟后贤考核。

一　余书严校虽多附注后，随文辨证本之异同得失，然亦间有先于注中辨其讹谬，此则因行文之便。读者骤观，不能憭然，须观下文所附严校，自能明白，幸读者注意。

一　严本《更法》篇"愿孰察之"，各本"孰"皆作"熟"。"熟"，俗字，《说文》有"孰"无"熟"。他如"贾"，各本多作"估"。"估"，俗字。如此类者，各本俗字异同皆不注。又严本"壹"字，各本多作

"一"，两字互通用，亦不复注。又虚字异同，有关意义则注，否则略之。

一　余补校称各本，即附录后所列各本。其称程本即程荣本，吴本即吴勉学本，余可类推。其人皆可于附录各本目录中检得之。

一　本书除以二十余本校外，类书中如《艺文类聚》《北堂书钞》《群书治要》《太平御览》《意林》等书，皆据以相校。唐赵蕤《长短经》引《商子》甚多，亦采之。其专校《商子》者，俞樾《诸子平议》、孙诒让《札迻》、钞本陶鸿庆《诸子札记》，友人孙人和所藏。各家孙氏为最精，陶氏次之，俞氏又次之，故孙氏几全录，陶氏采其半，俞氏采十之二三。汪中《群书蓄疑》亦有采录。余复比校管、韩学说，博采古籍而为之注，积四十年，始成定本。

一　亡友邵瑞彭次公，博学擅考订，工词章，读余初印本《解诂》，有札记十余条，今录其精者数条附于篇。清史馆同事柯先生劭忞凤孙读余书，亦有所商，今亦录其一条，以存故友之说。

一　余书初稿印后，见王时润《商君书斠诠》殊略。王氏见余书，复有集解。尹桐阳有新释，陈启天有校释，各家多采余说，间有采诸他书，仍为余说者。今余采用他家，或有驳正者，皆著其名，以示不敢掠美，尚祈海内君子，匡而教之。

黟县朱师辙少滨订

卷一

更法第一

更，改也。《汉书·王嘉传》："数更政事。"颜注："更，亦变也。"

孝公平画，公孙鞅、甘龙、杜挚三大夫御于君，虑世事之变，讨正法之本，求使民之道。 孝公名渠梁，秦献公之子。《史记·秦本纪》：孝公元年，下令国中，"宾客群臣有能出奇计强秦者，吾且尊官，与之分土"。卫鞅闻令入秦，因景监求见孝公。平，评议也。画，计策也。公孙姓，鞅名，卫庶孽公子，故称卫鞅。以功封于商，又称商鞅。甘龙，《史记索隐》"春秋时甘昭公子带之后"，姓谱，商甘盘之后。杜挚，与王稽攻赵，见《国策》。御，侍也。虑，谋思也。讨，治也。《论语》："世叔讨论之。"○严校："秦本、范本无'求'字，元本有。"师辙按，绵眇阁本、明评校本、吴勉学本、程荣本，俱无"求"字。

君曰："代立不忘社稷，君之道也。错法务民主张，臣之行也。 孙诒让《札迻》曰："'错法务民主张'句，义殊不可通。《新序·善谋》篇作'错法务明主长'，是也，当据校正。《战国❶·赵策》'赵武灵王与肥义、赵造论胡服'

---

❶ "战国"，孙诒让《札迻》原文作"战国策"。

章文，与此多同。彼云：'王曰：嗣立不忘先德，君之道也；错质务明主长，臣之论也。''明''长'二字与《新序》正同，可以互证。"师辙按，绵眇阁本、程荣本、吴勉学本、钱熙祚本、四库本，俱作"错法务民主长"，"长"字不误，足证孙说之确。错，施行也。**今吾欲变法以治，更礼以教百姓，恐天下之议我也。"** 更礼，改礼也。

公孙鞅曰："臣闻之，疑行无成，○严校："《史记》作'无名'。"师辙按，唐赵蕤《长短经·适变》篇、《太平御览》四百九十六引《商君书》，皆作"无名"。**疑事无功。君亟定变法之虑，殆无顾天下之议之也。**亟，急也。殆，庶几也。顾，念也。《御览》四百九十六引作"殆犹天下之议"。**且夫有高人之行者，固见负于世。**"见负于世"，谓见讥于世。《汉书·武帝纪》："士或有负俗之累。"颜注："谓被世议论也。"❶○严校："《史记》作'固见非'，元本同。秦本、范本作'必见非'。司马贞《索隐》云：按，《商君书》'非'作'负'，今据改。"师辙按，各本皆作"必见非于世"。《长短经·适变》篇引作"固见非于世"，是唐时《商君书》已有二本。严校必从《索隐》改"非"为"负"，殊属多事。**有独知之虑者，必见訾于民。**訾，毁也。訾，严本作"鹜"。师辙按，《史记·商君传》索隐引《商君书》作"訾"，非作"鹜"，今据改正。《长短经·适变》引作"必见赘"。赘，当为"訾"之误字。《楚辞·怨

---

❶ 《汉书·武帝纪》"士或有负俗之累"注云："晋灼曰：'负俗，谓被世讥论也。'"

上》:"令尹兮謷謷。"王逸注:"不听话言❶妄语也。"绵眇阁本、吴本、程本、钱本、四库本,皆作"因见毁"。○严校:"元本'謷'作'敖',《史记》同,《索隐》引作'必见謷于人',今据改。唐避太宗讳,故更'民'作'人'。秦本、范本作'因见毁',讹。"**语曰:'愚者闇于成事,知者见于未萌。民不可与虑始,而可与乐成。'**语曰,四库本作"语有曰"。程本、范钦本,"语"下空一字。语,谚语也。闇,冥也,各本俱作"暗",暗无日光也,义皆通。萌,兆也。《艺文类聚》二十一引作"愚者暗于未成❷,而智者见于未萌",《御览》四百九十六引同,但"智者"上无"而"字。《国策》肥义论变胡服,亦用"愚者"二语,与下文"论至德者"四句,盖皆引古人之言。《吕览·乐成》篇"故民不可与虑化举始,而可以乐成功",盖用商君语。○严校:"旧本无'而'字,'成'下有'功'字,今依《史记》增删。"**郭偃之法曰:'论至德者不和于俗,成大功者不谋于众。'法者所以爱民也,礼者所以便事也。是以圣人苟可以强国,不法其故;苟可以利民,不循其礼。"**郭偃,晋献公臣。《晋语》韦昭注:"卜偃,晋掌卜大夫郭偃也。"《韩非子·南面》:"管仲毋易齐,郭偃毋更晋,则桓、文不霸矣。"故,古也。循,遵也。谓强国不必法古,利民不必遵礼。循,《长短经》引作"修"。○严校:"旧本作'于礼',与文谊不合。今据上文及《史记》改。"师辙按,

---

❶ "言",《楚辞补注》王逸注其下有"而"字。
❷ "愚者暗于未成",《艺文类聚》卷二一作"愚者暗于成事"。

各本皆作"不循于礼","于"字不误。《经词衍释》云:"于,犹其也。"《礼记》:"皆淫于色而害其德❶。"《史记》作"而害于德"。《左传·昭七年》:"公室四分,民食于他。"《中论》作"民食其他"。是"于"与"其"之义相同。严铁桥不明训诂相通,轻改原本,非。

孝公曰:"善。"

甘龙曰:"不然。臣闻之,圣人不易民而教,知者不变法而治。因民而教者,不劳而功成。据法而治者,吏习而民安。据法而治,《长短经》引作"缘法而理"。习,晓也。今若变法,不循秦国之故,更礼以教民,臣恐天下之议君,愿孰察之。"故,旧也。《荀子·议兵篇》:"凡虑事欲孰。"杨倞注:"孰谓精审。"

公孙鞅曰:"子之所言,世俗之言也。《长短经》"子"作"龙"。夫常人安于故习,故习,犹言习俗也。○严校:"元本及《史记》、李善注《文选·东京赋》引并作'故俗'。"师辙按,《长短经》引作"习俗"。学者溺于所闻。溺,惑也。此两者所以居官而守法,严校:"《史记》作'以此两者,居官守法可也',当属以意删改。"师辙按,《长短经》引与《史记》同。非所与论于法之外也。严校:"范本无'也'字。"师辙按,各本同。三代不同礼而王,三代,夏商周也,皆称王。○严校:"旧本作'同道',《史记》作'同礼'。按,此篇礼、法并举,作'道'讹,

---

❶ "皆淫于色而害其德",《礼记注疏》卷三九作"皆淫于色而害于德"。

今改正。"**五霸不同法而霸,**五霸,即五伯。霸为借字。《白虎通·号》篇:"霸者,伯也,行方伯之职。"五霸共引三说:第一说,以昆吾、大彭、豕韦、齐桓、晋文为五霸;第二说,以齐桓、晋文、秦穆、楚庄、吴阖闾为五霸;第三说,以齐桓、晋文、秦穆、宋襄、楚庄为五霸。《荀子·王霸篇》则退秦穆、宋襄,而进吴阖闾、越勾践。然高诱注《吕览》,《先己》篇及《当务》篇兼采第一说与三说。应劭《风俗通·皇霸》篇则取第一说,而驳三说,谓楚庄、秦穆皆不足称霸。故五霸之说纷纭,然学者多用一说与三说。**故知者作法而愚者制焉,贤者更礼而不肖者拘焉。**《淮南子·氾论》:"圣人作法而万物制焉,贤者立礼而不肖者拘焉。"高诱注:"制,犹从也。拘,犹检也。"师辙按,谓为礼所检束。○严校:"《史记》、李善注《文选·西京赋》引无'而'字。"师辙按,《长短经》引亦无"而"字,"五霸"作"五伯","作法"作"非法"。**拘礼之人不足与言事,制法之人不足与论变,君无疑矣。"**商鞅说孝公,无疑惑而不变法。

杜挚曰:"臣闻之,利不百不变法,功不十不易器。易器,谓器物改作。此杜挚反对变法,言治国无百倍之利,不变更法制,无十倍之功,不改作器物。**臣闻法古无过,循礼无邪。君其图之。"**邪,僻也,反正为邪。

公孙鞅曰:"前世不同教,何古之法?帝王不相复,何礼之循?伏羲、神农,教而不诛,《史记》"大皞伏羲氏"。按,伏,亦作"包",作"庖",作"炮",作"虙",作"宓"。羲,亦作"牺",作"戏"。司马贞补《史记·三皇本纪》："养牺牲以庖厨，故曰庖牺。"《易·系辞》："包牺氏没，神农氏作，斫木为耜，揉木为耒，耒耨之利，以教天下。"《春秋元命苞》及《运斗枢》皆以伏羲、女娲、神农为三皇，郑玄《六艺论》本之。《洛书甄耀度》以燧人、伏羲、神农为三皇，《礼含文嘉》、《尚书大传》、谯周《古史考》并同。《白虎通》亦用之，并取伏羲、神农、祝融为三皇之说。《伪孔传》据《礼稽命征》，以伏羲、神农、黄帝为三皇，遂使五帝少其一，最为不合。《史记·秦本纪》以天皇、地皇、泰皇为三皇。司马贞《三皇本纪》以天皇、地皇、人皇为三皇。**黄帝、尧、舜，诛而不怒，**《史记·五帝纪》：黄帝有熊氏，生于轩辕之丘，姓公孙，名轩辕，长于姬水，又以姬为姓。中国文明，至黄帝而盛。帝尧陶唐氏，名放勋。帝舜有虞氏，名重华。尧舜二帝，以天下逊让，为中国盛治。《史记》《大戴礼》《白虎通》皆以黄帝、颛顼、高辛、尧、舜为五帝。然五帝有数说，《礼记·月令》《吕览·十二纪》则以太皞、炎帝、黄帝、少皞、颛顼为五帝，《尚书·伪孔传序》则以少昊、颛顼、高辛、尧、舜为五帝。诸说以《史记》为长。伏羲教畜牧，神农教耒耨，皆以教民兴利为主，不用刑罚，所谓"教而不诛"也。黄帝诛蚩尤，尧刑四凶，舜征有苗，虽用兵刑为民除害，然仍重在教化，所谓"诛而不怒"也。《曲礼》郑注："诛，罚也。"《周语》："怨而不怒。"注："怒，作气也。"《广雅·释诂》："怒，多也。"**及至文、武，各当时而立法，因事而制礼。**师辙按，文武，疑"汤武"之讹，观下文"汤武之王也"可证。各当时而立法，谓商周二朝征伐与唐虞逊让，法度不同。据《史记》殷、周本纪，汤名履，子姓，放桀南巢，代夏；周姬姓，文王名昌，子武王名发，灭纣代殷。汤、武皆以征伐取天下。**礼法以时而定，制令各顺其宜。兵甲器备，各便其用。臣故曰：治世不一道，便国不必法古。**严校："元本、范本作'不必古'，《史记》作'不法古'，今据秦本。"师辙按，各本皆作"不必古"，《长短经》作"不法古"。**汤、武之王也，不修古而兴。**严校："诸本及《史记》作'循古'，今据司马贞《索隐》改。"**殷、夏之灭也，不易礼而亡。**司马贞曰："指殷纣、夏桀。"○严校："元本作'殷夏'，《史记》同。秦本、范本作'商夏'。又《史记》无'之灭也''之王也'六字。"师辙按，各本皆作"商夏"。绵眇阁本作"商周"，误。周，商鞅时未亡。**然则反古者未必可非，循礼者未足多是也。**师辙按，《淮南子·氾论》多袭用此篇。○严校："《史记》作'反古❶不可非，循❷礼者不足多'。"师辙按，《长短经》引与《史记》同，惟"循"作"修"。绵眇阁本、程荣本、明评校本、钱熙祚本，皆作"未可必非"。**君无疑矣。"**

孝公曰："善。吾闻穷巷多吝，孙诒让曰："钱熙祚校本'吝'作'怪'。校云：原作'吝'，依《御览》五百九十五改。按，《新序》作'穷乡多怪'，钱校是也。"师辙按，见《御览》一百九十五，钱校谓'五百九十五'，

---

❶ "古"，《史记》卷六八《商君列传》、严万里校本下有"者"字。

❷ "循"，《史记》卷六八《商君列传》上有"而"字。

误。**曲学多辨**。《文选·吴都赋》："固亦曲士之所叹也。"刘渊林注："曲，谓僻也。"**愚者笑之，智者哀焉。狂夫之乐，贤者丧焉**。孙诒让曰："笑之，《新序》作'之笑'，与下文'狂夫之乐'正相对，是也。当据乙正。丧，《新序》作'忧'，义亦较长。"师辙按，四库本作"狂夫乐之"，与"愚者笑之"正对，未知孰是。**拘世以议，寡人不之疑矣**。"孝公言不复拘束于世俗之议。疑，惑而不变法。或曰：拘，借为"佝"。《说文》："佝，瞀也。"谓迷惑世俗之议。之，语助辞。**于是遂出《垦草令》**。垦，辟也。垦草，《孟子》所谓"辟草莱"，即后世垦荒政策。盖使国无游民旷土，则国富强矣。

垦令第二

垦令，《垦草令》也。

无宿治，则邪官不及为私利于民，而百官之情不相稽，则农有余日。宿，留也。稽，犹停留也。政无留治，则贪邪之官不及为私利于民。百官不敢稽延公事，则农不扰，故有余日从事耕作。冯觐云："无宿治，簿书不停滞也。"❶

---

❶ 冯觐点评《商子》明观妙斋刊本、明刊本未见此评。明刊《且且庵初笺十六子》（朱师辙所谓明评校本）《商子·垦令第二》眉批云："无宿治，簿书不停积也。"

又以"邪官不及为私"句,"利于民"句,亦通。**邪官不及为私利于民,则农不败。**败,坏也。冯氏以"邪官不及为私"句,"利于民"属下读。❶○严校:"范本作'不救',讹。"师辙按,各本多同范本。明陈深《诸子品节》本作"不敝",下同。钱校本云:"'救'字误,《七国考》引作'敝',下同。"**农不败而有余日,则草必垦矣。**

訾粟而税,则上壹而民平。家大人曰:"訾,《汉书·杜周传》'家訾累巨万',借为赀财之赀。赀粟而税,言收税皆用粟为赀,不纳钱,是以贵农重粟也。"师辙按,冯觐本注、归有光《诸子汇函》注:"訾,量也。"上壹,谓上法令专壹。○严校:"诸本作'一',元本作'壹',下同。"**上壹则信,信则臣不敢为邪。**俞樾《诸子平议》云:"臣,当作'官'。下文云'上信而官不敢为邪',可证'臣'字之误。"❷**民平则慎,慎则难变。上信而官不敢为邪,民慎而难变,则下不非上,中不苦官。下不非上,中不苦官,则壮民疾农不变。壮民疾农不变,则少民学之不休。少民学之不休,则草必垦矣。**疾,亟也。壮民亟于农事,而不变易其业,则少民学之不息,所谓"农习先畴之畎亩"是也。

无以外权爵任与官,则民不贵学问,又不贱农。权,势也。《管子·君臣》篇:"以援外权。"《任法》篇:"邻

---

❶ 此句读方式与明刊《且且庵初笺十六子》本《商子》相符,冯觐点评《商子》明观妙斋刊本、明刊本均未见此句读法。

❷ 俞樾《诸子平议》原文为:"臣,当作'官',因'官'误作'宦',又误作'臣'耳。下文申说此文曰'上信而官不敢为邪',可证'臣'字之误。"

国诸侯，能以其权置子立相。"此管仲政策，禁臣民借外力干政得官。故商君亦用其策，言不以民之有外交势力者而任爵与官，则民不贵学问、从事游说，而重农。**民不贵学问则愚，愚则无外交，无外交则国勉农而不偷。**勉，劈也。偷，苟且也。○严校："范本阙'国'字，诸本有。"师辙按，吴本、《诸子汇函》本、四库本亦无"国"字。**民不贱农，则国安不殆。国安不殆，勉农而不偷，则草必垦矣。**殆，危也。师辙按，绵眇阁本、明评校本作"愚则无外交，无外交则国安而不殆❶。民不贱农，则勉农而不偷。国安不殆，勉农而不偷，则草必垦矣"，当据改正。陶鸿庆《诸子札记》未见此二本，然所校与此合。❷

禄厚而税多，食口者众，败农者也。食口者众，谓游说之士以口舌得禄者多。或曰：贵族卿士之家所得俸禄厚，食邑税收多，其子弟游手好闲，不事农业，故商君计游闲食口之数，而重赋之。明评校本、冯觐本作"食口众者"。**则以其食口之数，贱而重使之，**孙诒让曰："贱，当为'赋'之误。"师辙按，孙说是。**则辟淫游惰之民无所于食。民无所于食则必农，农则草必垦矣。**辟，邪也。淫，荡也。惰，懒也。游惰，吴本、冯觐本、四库本、汇函本作"游食"。绵眇阁本、明评校本"食"下无"民"字。

使商无得籴，农无得粜。农无得粜，则窳惰之农勉

---

❶ "无外交则国安而不殆"，绵眇阁本无"而"字。
❷ 陶鸿庆《读〈商君书〉札记》云："此文当云。民不贵学则愚。愚则无外交。无外交则国安。不殆民。不贱农。则农勉而不偷。国安不殆。农勉而不偷。则草必垦矣。"为方便读者比较，此段保留原文句读。

疾。商不得籴，则多岁不加乐。多岁不加乐，则饥岁无裕利。无裕利则商怯。商怯则欲农。窳惰之农勉疾，商欲农，则草必垦矣。家大人曰："《说文》'籴，市谷也'，'粜，出谷也'。窳，《说文》'污窬也'。《广韵》：'窳，以主切。'按，污窬，污下也。《史记》：'呰窳偷生。'晋灼注：'窳，惰也。'"师辙按，訾粟而税，故商无市谷，农无出谷。谷贵则懒惰之农勉力疾作，而商不能屯谷，故无利可获。多岁，丰年也。裕，饶也。怯，多畏也。

声服无通于百县，则民行作不顾，休居不听。休居不听，则气不淫。行作不顾，则意必壹。意壹而气不淫，则草必垦矣。声色服玩，不使行于百县，则民心不纷，专于农事。

无得取庸，则大夫家长不建缮，《管子·地数》篇："毋得聚庸而煮盐。"家大人曰："庸，借为'佣'。卖力受直曰'佣'。此言'无得取庸'，盖大夫家不许雇工修造，恐妨农事。《广雅》：'建，立也。'《三苍》：'缮，治也。'不建缮，不修造也。"师辙按，绵眇阁本、评校本、吴本、冯本、钱本、范本、汇函本、品节本、四库本俱作"不见缮"，下同。**爱子不惰食，**钱校："据《七国考》删'不惰食'三字。"**惰民不窳，而庸民无所于食，是必农。**品节本无"爱子不惰食"至"是必农"十九字。❶**大夫家长不建缮，则农事不伤。爱子惰民不窳，则故田不荒。**师辙按，

---

❶ 《诸子品节》本仅无"不惰食"三字。

俞樾校谓"爱子"下脱"不惰食"三字。❶**农事不伤，农民益农，则草必垦矣。**师辙按，陶鸿庆云："'农民'疑作'庸民'，承上文'庸民无所于食，是必农'而言。"

废逆旅，则奸伪、躁心、私交、疑农之民不行，家大人曰："废逆旅，谓不许设旅馆，则无游食妨农之民。"师辙按，《广雅》："躁，扰也。"废逆旅，则奸伪无所藏，故心扰乱疑惑也。**逆旅之民无所于食，**○严校："秦本、范本作'无以食'。此依元本。"辙按，冯觐本同范本。**则必农。**则，各本皆作"即"。**农则草必垦矣。**

壹山泽，则恶农、慢惰、倍欲之民无所于食。无所于食，则必农。农则草必垦矣。壹山泽，谓专山泽之禁，不许妄樵采、佃渔。慢，惰也。惰，懒也。倍欲，犹多欲也。

贵酒肉之价，重其租，令十倍其朴，租，税也。《汇函》注："朴，本也。"师辙按，谓加重酒肉之税，令十倍其原价。今世重征奢侈税，寓征于禁，亦此政策。**然则商贾少，农不能喜酣奭，**《汇函》注："奭，大赤色，又盛也，谓饮酒盛乐也。"❷贾，冯觐等本作"估"，乃俗字。家大人曰："《说文》'酣，酒乐也'，'奭，盛也'。按，借为斟，酌也，谓酣饮。"**大臣不为荒饱。商贾少，则上不费粟。民不能喜酣奭，则农不慢。**荒饱，谓荒嬉醉饱也。○严

---

❶ 俞樾《商子平议》"爱子惰民不窳"条下云："樾谨按，此承上文而言，亦当作'爱子不惰食，惰民不窳'，因有两'惰'字，写者于上'惰'字下即接写'民不窳'，遂并误删上'不'字耳。"

❷ 《诸子汇函》本此注文"谓饮酒盛乐也"前有"酣奭"二字。

校本"喜"作"善",误。❶此据吴本、绵眇阁本、程本、评校本、冯本、范本、钱校本、四库本、崇文本、汇函本改正。**大臣不荒,则国事不稽,**《诗》:"好乐无荒。"郑笺:"荒,废乱也。"**主无过举。上不费粟,民不慢农,则草必垦矣。**

重刑而连其罪,《史记·商君传》:"令民为什伍,而相收司连坐。"司马贞《索隐》:"一家有罪,而九家连举发。若不纠举,则什家连坐。"**则褊急之民不斗,很刚之民不讼,怠惰之民不游,费资之民不作,巧谀、恶心之民无变也。**褊,狭也。很,不听从也。讼,争也。资,货也。作,起也。《荀子·修身》:"以不善和人者谓之谀。"《韩非子·外储》:"忿戾恶心,人多不说喜也。"无变,谓无变诈。**五民者不生于境内,则草必垦矣。**

使民无得擅徙,○严校:"秦本、范本作'擅从',讹。元本作'擅徙'。"辙按,各本皆作"擅从"。**则诛愚乱农农民无所于食而必农。**俞樾曰:"诛,通作'朱'。《庄子·庚桑楚》篇'楚人谓我朱愚',即此文'诛愚'矣。"孙诒让曰:"俞释诛愚是也。此疑当作'则诛愚乱农之民无所于食而必农'。'之'字草书,与重文相似,故误为两'农'字也。"师辙按,《左传》"朱儒是使",《晋语》"侏儒不可使援",与朱愚、诛愚皆同声假借字。《广雅》"侏儒,短也",又"疾也"。**愚心、躁欲之民壹意,则农民必静。农静、诛愚,则草必垦矣。**师辙按,愚心,疑

---

❶ 严万里校本作"喜",非"善"。

"恶心"之讹。上文作"恶心"，此因蒙"朱愚"之"愚"而误。之民，各本作"立民"，非。

均出余子之使令，以世使之，又高其解舍，家大人曰："余子，卿大夫之庶子也。《管子·五辅》：'上必宽裕而有解舍。'房玄龄注：'解，放也。舍，免也。'高其解舍，谓严其黜陟。"师辙按，《周礼·地官》："均人掌均地政。"世使，疑"册使"之讹，谓按余子之册籍而使力役。或谓"世使"以其世次使之。《汇函》注："余子，家长之子弟余夫也。"解，音廨，是以解舍为廨署。《韩非子·五蠹》："事私门而完解舍。"**令有甬官食概。不可以辟役，而大官不可必得也，则余子不游事人，则必农。农则草必垦矣。**家大人曰："《广雅》'甬，常也'，谓余子有常官食数。概，即《曲礼》'食飨不为暨❶'之'概'。注，量也。量其食而不可避役，大官未可必得，故余子不游事人，则必农矣。"师辙按，《境内》篇"其庶子役其大夫月六日。其役事也，随而养之"，是秦余子有力役之制。《汇函》注："甬，斛也。概，平斗斛者。甬官，谓量其官。食概，谓量其食。使余子之官与食一取足于农，不使之游事人而避役以求官爵也。"

国之大臣诸大夫，博闻、辩慧、游居之事，皆无得为，无得居游于百县，则农民无所闻变见方。家大人曰："方，当作放。农民不放，效居游也。"农民无所闻变见

---

❶ "暨"，字误，朱师辙《商君书解诂》民国五年（1916）手稿本、《商君书解诂定本》民国三十七年（1948）国立中山大学排印本均作"概"。

方，则知农无从离其故事，而愚农不知，不好学问，则务疾农。知农不离其故事，则草必垦矣。务疾农，疾，急也，谓急于农务。师辙按，上节欲使庶子皆受役，此节欲使大臣不游居，皆所以振勤俭之风，使用力于农。

令军市无有女子，而命其商人自给甲兵，使视军兴。《史记·冯唐传》："军使❶之租，皆用自飨士。"《索隐》："谓军中立市。"视，比也。兴，起也。〇严校："秦本、范本作'自拾'。此依元本。"又使军市无得私输粮者，则奸谋无所于伏，《说文》："输，委输也。"先大父曰："以车迁贿之意。"《左传》："输粟于晋。"伏，藏也。盗输粮者不私稽，轻惰之民不游军市。盗粮者无所售，送粮者不私，轻惰之民不游军市，则农民不淫，国粟不劳，则草必垦矣。稽，留也。《管子·小匡》："牺牲不劳，则牛马育。"房注："过用谓之劳。"陶鸿庆云："私输粮，即下云'盗粮'，谓奸民私售者也。输粮者不私稽，即下云'送粮'，谓官役输送者也。不私稽，谓予以程限，不得稽留也。'输粮'上不当有'盗'字。'送粮者不私'五字，重复衍文。今辄正其文云：'又使军无得输粮，则奸谋无所于伏。输粮者不私稽，则轻惰之民不游军市。盗粮者无所售，轻惰之民不游军市，则农民不淫，国粟不劳，则草必垦矣。'"师辙按，陶校亦有所见，故附录之。

百县之治一形，则从迁者不敢更其制，过而废者不

---

❶ "使"，字误，《商君书解诂》民国五年（1916）手稿本、《史记·冯唐列传》均作"市"。

能匿其举。孙诒让曰："下文云'迁者不饰，代者不更，则官属少而民不劳'，则此当作'则从迁者不饰，代者不敢更其制'，今本脱'饰代者不'四字，与下文不相应。"师辙按，《晋语》："不度而迁求。"韦注："迁，邪也。"制，法度也。匿，藏也。○严校："秦本作'匿其过举'。"**过举不匿，则官无邪人。迁者不饰，代者不更，则官属少而民不劳。官无邪则民不敖，民不敖则业不败。官属少，征不烦，民不劳，则农多日。农多日，征不烦，业不败，则草必垦矣。**饰，谓文饰也。《管子·宙合》："若敖之在尧也。"房注："慢而不恭曰敖。"征，召也。农多日，谓农有余日也。

重关市之赋，则农恶商，商有疑惰之心。农恶商，商疑惰，则草必垦矣。《周礼·太宰》"以九赋敛财贿"，七曰"关市之赋"。家大人曰："恶商，谓不肯为商也。"

以商之口数使商，令之厮、舆、徒、重者必当名，厮，各本皆作"斯"。《说文》有"斯"无"厮"。"厮"乃"㾁"之讹。斯，析也。《汉书·严助传》："厮舆之卒。"颜注："析薪者也。"《淮南子·览冥》："厮徒马圉。"高注："厮，役也。徒，众也。"《左传》："皂臣舆。"服虔注："舆，众也。"又"重器备"，注："重，犹多也。"盖令商役人众多者，必当名应役耳。**则农逸而商劳。农逸则良田不荒，商劳则去来赍送之礼，无通于百县，**赍，俗字，当作"齎"。明评校本正作"齎"。《说文》："齎，持遗也。"《广韵》："齎，祖稽切。"冯觐本亦作"赍送"。绵眇阁本、吴本、范本、四库本作"商劳则去商丧寡之礼，无通于百县"，指海本同。钱校云："此句有误。《七国考》作'则去来齎送之礼'，疑以意改。"师辙按，作"齎"是。严校作"赍"，不注明从何本。**则农民不饥，行不饰。农民不饥**，此句各本无"民"字。程本、范本皆空一格。钱校云："依上文补。"辙按，冯觐本有"民"字。**行不饰，则公作必疾，而私作不荒，则农事必胜。农事必胜，则草必垦矣**。陶鸿庆谓，第二句"必胜"之"必"字，涉上句而衍。辙按，各本有"必"字，陶校非。

令送粮无取僦，无得反庸，冯觐本注："取僦，取雇载之价也。反庸，揽私载而归也。如此则往来迟久，农事废弛矣。僦，雇载也，赁也。"❶师辙按，庸，借作佣。**车牛舆重设句。必当名**。《广雅》："舆，载也。"《说文》："设，施陈也。"谓回时车牛多载货物，必罚之当名应役。或以"设"为"役"之误字，属下读，亦通。冯觐以"车牛舆重"为句，"设"属下读。注："重，粮食辎重也。"绵眇阁本、吴本、程本、范本、四库本无"重"字，多一"设"字。钱校："《七国考》'设'上字作'重'。"**然则往速徕疾**，徕，各本皆作"来"。**则业不败农。业不败农，则草必垦矣**。

无得为罪人请于吏而饷食之，则奸民无主。奸民无主，则为奸不勉。饷，馈也。谓禁止罪人家属朋友馈送食物，绝其往来，则奸民无人主使，故心惧不敢为奸。勉，读劝

---

❶ 此引注文有误。冯觐本原注："取僦，载之取雇。反庸，揽私载而归也。如此，则往来价也，迟久，农事废弛矣。僦，雇载也，赁也。"

勉之"勉"。家大人则谓"勉"当作"免",言罪人监禁不给食,则为奸不免于死。**农民不伤,奸民无朴。**明冯觐本、陈仁锡《诸子奇赏》本,无"农民不伤"句,作"为奸不勉,则奸民无朴",与各本异。冯觐注:"朴,根株相附著也。谓为奸民匿主也。"**奸民无朴,则农民不败。农民不败,则草必垦矣。**

农战第三

使民力农事,务战斗,则国富强矣。

凡人主之所以劝民者,官爵也。《北堂书钞》卷四十六引《商君书》:"凡人主之所以劝民爵者,官爵也。"《艺文类聚》五十一卷、五十二卷皆引此文,"者"上无"爵"字,是。《书钞》误。**国之所以兴者,农战也。今民求官爵,皆不以农战,而以巧言虚道,此谓劳民。**《广雅》:"劳,懒也。"**劳民者,其国必无力。无力者,其国必削。**无力,谓贫弱。懒民众则国必贫弱,故国削。

善为国者,吴本、绵眇阁本、程本、评校本,"国"下俱有"家"字。**其教民也,皆作壹而得官爵,是故不官无爵。**作壹,作事专壹也。《管子·治国》:"作一则田垦。"使民专壹于农战,而后可得官爵,故无功者不任官与爵。《礼记·王制》:"论定然后官之,任官然后爵之。"**国去言则**

民朴，民朴则不淫。民见上利之从壹空出也，则作壹。去言，谓不尚空言。朴，质也。《家语·王言》篇："民敦而俗朴。"淫，放也。空，窍也，孔也。《荀子·议兵》："秦民所以要利于上者，非战❶无由也。"所谓"利出一孔"，邵瑞彭云："《管子·国蓄》篇：'利出于一孔者，其国无敌。'"作壹则民不偷营，民不偷营则多力，多力则国强。偷营，谓苟且经营。多力，谓富强。今境内之民皆曰："农战可避，而官爵可得也。"是故豪杰皆可变业，务学《诗》《书》，随從外权，上可以得显，下可以求官爵。要靡事商贾，为技艺，皆以避农战。具备，国之危也。《说文》："随，從也。"师辙按，陶鸿庆谓"随"即"從"也。從，当作"从"。"从"，乃"以"字之误，非。外权，见《垦令》篇，谓外交。《管子·枢言》："贤大夫不恃宗室，士不恃外权。"要，求也。靡，浮靡也。言民不务本，趋于浮靡，事商贾，为技艺，以避农战。数者具备，危国之道也。民以此为教者，其国必削。

善为国者，仓廪虽满，不偷于农，国大民众，不淫于言，则民朴壹。《孟子》："富贵不能淫。"赵注："乱其心也。"民朴壹，则官爵不可巧而取也。不可巧取，则奸不生。奸不生，则主不惑。惑，乱也。今境内之民及处官爵者，见朝廷之可以巧言辩说取官爵也，故官爵不可得而常也。处，居也。官爵不可得而常，谓立谈而取卿相，得官不以常道。是故进则曲主，退则虑私，所以实其私，然

---

❶ "战"，《荀子·议兵》作"斗"。

则下卖权矣。曲主，谓委曲以悦其主。实，富也。卖权，弄权也。夫曲主虑私，非国利也，而为之者，以其爵禄也。下卖权，非忠臣也，而为之者，以末货也。《广雅》："末，逐也。"谓争逐货利。陶鸿庆谓"末"为"求"字之误。然则下官之冀迁者，皆曰："多货则上官可得而欲也。"冀，望也。迁，犹升也。小官望升大官者，言财多可以行贿，则大官可得。曰："我不以货事上而求迁者，则如以狸饵鼠尔，必不冀矣。若以情事上而求迁者，则如引诸绝绳而乘枉木也，愈不冀矣。狸，猫也。饵，诱也。以情事上，谓以忠诚事上。乘，升也。枉，曲也。邵瑞彭云："绳者所以正木。"《韩子·有度》篇："绳直而枉木斫。"《史记·天官书》："直度曰绝。"乘，当为"桀"之讹字。《字林》："榤，杙也。"榤，则"桀"字。此言桀枉木，盖谓椓杙之。○严校："乘，秦本作'绳'，疑误。"师辙按，绵眇阁本作"则如以狸执鼠耳"，疑以意改。末句"冀"下，各本多"之"字。二者不可以得迁，则我焉得无下动众取货以事上，而以求迁乎。"《墨子·经上》："动，或从也。"孙诒让《墨子间诂》谓"从"当作"徙"。《经下》篇："宇或徙。"此与彼文义正同。彼"徙"字，今本亦讹为"从"，可证。《说文》辵部云："徙，移也。"或，当为"域"之正字。或，徙言人物移其故所处之地域，是动之理也。师辙按，孙氏妄改本文曲解，而不知引《商君书》以证明战国时"动"有"或从"之训，可见读书之难。百姓曰："我疾农，先实公仓，收余以食亲，为上忘生而战，以尊主安国也。仓虚，主卑，家贫，然则不如索官。"亲戚交游合，则更虑矣。疾，急也。索，求也。言力农无利，不如求官，亲戚交游意见合而赞成之，则改变宗旨矣。**豪杰务学《诗》《书》，随从外权，要靡事商贾，为技艺，皆以避农战。民以此为教，则粟焉得无少，而兵焉得无弱也。**

善为国者，官法明，故不任知虑。上作壹，故民不偷营，则国力抟。任，用也。《管子·任法》："圣君任法而不任智。"偷营，疑"偷营"之讹，上文有"民不偷营"可证。吴本、程本、冯本、范本、四库本、汇函本、崇文本作"故民不荣"，亦误。《管子·霸言》："抟国不在敦古。"房注："抟，聚也。"○严校："秦本作'故民不营私'。按，抟，古与'专'通。《左传》：'若琴瑟之抟一。'《吕氏春秋》：'不收则不抟。'注：'入不专一也。'《史记·田齐世家》：'抟三国之兵。'注：'握领也。'秦本、范本作'搏❶'，抟、搏形近致讹。今从元本。下同。"**国力抟者强，国好言谈者削。故曰：农战之民千人，而有《诗》《书》辩慧者一人焉，千人者皆怠于农战矣。农战之民百人，而有技艺者一人焉，百人者皆怠于农战矣。国待农战而安，主待农战而尊。夫民之不农战也，上好言而官失常也。常官则国治，壹务则国富。国富而治，王之道也。**常官，人无幸进之心，故国治。壹务，民有专一之业，故国富。**故曰：王道作外，**句。**身作壹而已矣。**师辙按，《广雅》："外，表也。"王道作天下表率，以身作壹而已矣。严按非。陶云："'作'字涉下而衍。'以'字隶书作

---

❶ "搏"，严万里校本原作"博"。

'叿'，因误为'外'。"亦可通。○严校："按，'外'字疑误。"

今上论材能知慧而任之，则知慧之人希主好恶，使官制物，以适主心。希，望也。制，专主也。物，事也。适，悦也。是以官无常，国乱而不壹，辩说之人而无法也。师辙按，"人"下当脱"众"字。○严校："按，'辩说'上当有脱文。"如此，则民务焉得无多？而地焉得无荒？《诗》、《书》、礼、乐、善、修、仁、廉、辩、慧，国有十者，上无使守战。国以十者治，敌至必削，不至必贫。国去此十者，敌不敢至，虽至必却。兴兵而伐，必取；按兵不伐，必富。国好力者以难攻，以难攻者必兴；国好力，谓国重农战。重农战，则敌难以攻之。好辩者以易攻，以易攻者必危。故圣人明君者，非能尽其万物也，谓不能尽知万物。○严校："秦本、范本作'非尽能'。"师辙按，各本同秦本。知万物之要也。故其治国也，察要而已矣。

今为国者多无要。朝廷之言治也，纷纷焉务相易也。纷纷，杂乱貌，谓纷纷务相变更。是以其君惛于说，《说文》："惛，不憭也。"《列子·黄帝》："以黄金抠者惛。"注："迷惛也。"其官乱于言，其民惰而不农。故其境内之民，皆化而好辩、乐学，事商贾，为技艺，避农战。如此，则不远矣。危亡不远。国有事，则学民恶法，商民善化，技艺之民不用，故其国易破也。夫农者寡而游食者众，故其国贫危。今夫螟、螣、蚼、蜀春生秋死，一出而民数年不食。马总《意林》引《商君书》作"螟、螣春生秋死，一出而民数年乏食"。《尔雅》："食苗心，螟；食叶，螣。"孙诒让曰："《御览》八百二十二'资产部'引'蚼'作'蚵'。注云：'胡多切。'则今本作'蚼'，乃传写之误。《尔雅·释虫》'蚵，螭何'，释文云：'何，本或蚵，音河。'又有'蚯，乌蠋'。蚵蠋，疑即乌蠋。蚵、乌一声之转。《庄子·庚桑楚》篇'藿蠋'释文引司马彪云：'豆藿中大青虫也。'即此。"师辙按，绵眇阁本、吴本、程本、冯本、合雅本、品节本、范本，"螟螣"作"蛆螣"，下同。古籍所引皆作"螟螣"，知作"蛆螣"误。**今一人耕而百人食之，此其为螟、螣、蚼、蠋亦大矣。**《意林》引作"今一人耕百人食，有甚于螟螣矣"。《御览》卷二十四，又八百二十二，俱引此节文，互有出入，皆不足据。**虽有《诗》《书》，乡一束，家一员，独无益于治也，非所以反之之术也。**乡一束，家一员，谓学《诗》《书》者之众。反之之术，谓反之于农战。陶校谓"独"为"犹"之讹。师辙按，《御览》八百二十二引《商子》："虽有《诗》《书》，犹无益于治。"足证陶说是。○严校："秦本、范本少一'之'字。"师辙按，绵眇阁本、吴本、评校本、合雅本，亦少一"之"字。**故先王反之于农战。故曰：百人农，一人居者王；十人农，一人居者强；半农半居者危。故治国者欲民之农也。**吴本"农"误作"累"。**国不农，则与诸侯争权，不能自持也，则众力不足也。**持，操也。不能自操胜算。**故诸侯挠其弱，乘其衰，土地侵削而不振，则无及已。**挠，扰也。○严校："范本'土'作'大'，讹。"**圣人知治国之要，故令民归心于农。归心于农，则民朴**

而可正也，纷纷则易使也，《吕览·顺民》："汤克夏而正天下。"高注："正，治也。"又《上农》篇："民农则朴，朴则易用。"纷纷，谓朴愚纷散。故易治。信可以守战也。各本无'也'字。壹则少诈而重居，壹则可以赏罚进也，壹则可以外用也。专壹于农，则朴而少诈，难于迁徙，故可以赏罚进退，可外用与敌国战。夫民之亲上死制也，《礼记》："士死制。"郑玄注："谓君教令所使为之。"以其旦暮从事于农。夫民之不可用也，见言谈游士事君之可尊身也，商贾之可以富家也，技艺之足以糊口也。《说文》："糊，寄食也。"《庄子·人间世》："足以糊口。"师辙按，吴本、绵眇阁本、评校本、品节本，"糊"作"距"，误。民见此三者之便且利也，则必避农。避农则民轻其居，轻其居则必不为上守战也。○严校："范本作'避农战'，不叠'避农'字。"辙按，各本同范本。凡治国者，患民之散而不可抟也，○严校："秦本、范本'抟'作'搏'，与前作'搏❶'，并以形近致讹。下同。"是以圣人作壹，抟之也。国作壹一岁者，十岁强。作壹十岁者，百岁强。作壹百岁者，千岁强。千岁强者王。君修赏罚以辅壹教，是以教有所常，而政有成也。辅，助也。以助专壹教民。王者得治民之至要，故不待赏赐而民亲上，不待爵禄而民从事，不待刑罚而民致死。国危主忧，说者成伍，无益于安危也。《周礼》："五人为伍。"说者成伍，言其众也。夫国危主忧也者，强敌大国也。国危主忧者，有强敌

---

❶ "搏"，严万里校本原作"博"。

卷一 ● 农战第三

057

大国也。**人君不能服强敌、破大国也，**陶校谓当作"夫国危主忧者，以强敌大国也。人君不能以言服强敌、破大国也"，谓与篇末"明君知好言之不可以强兵辟土也"，与此相应。**则修守备，便地形，抟民力，以待外事，然后患可以去，而王可致也。**绵眇阁本无"外"字。**是以明君修政作壹，去无用，止浮学事淫之民，壹之农，**明君修政作壹，去无用之务，禁止浮学事淫之民，使之专壹于农。绵眇阁本、吴本、程本、评校本、范本，"民"上无"之"字。**然后国家可富，而民力可抟也。**

今世主皆忧其国之危而兵之弱也，而强听说者。说者成伍，烦言饰辞，而无实用。烦，多也。饰，巧也。○严校："秦本、范本作'章无用'，讹。今依元本。"辙按，各本俱作"而章无用"，亦通，不能谓之讹。**主好其辩，不求其实。说者得意，道路曲辩，辈辈成群。**《仓颉篇》："辈，比也。"道路中曲辩之士，比比皆是。**民见其可以取王公大人也，而皆学之。夫人聚党与，说议于国，纷纷焉，小民乐之，大人说之。故其民农者寡而游食者众。众则农者殆，农者殆则土地荒。**师辙按，《意林》引作"农者少而游食者众，游食者众则农怠，农怠则治荒"，当据改。**学者成俗，则民舍农，从事于谈说，高言伪议。舍农游食，而以言相高也，故民离上，不臣者成群。此贫国弱兵之教也。夫国庸民以言，则民不畜于农。**庸，用也。《吕览·适威》："民善之则畜也。"高诱注："畜，好也。"绵眇阁本、品节本，"相高"作"相王"，"庸"作"荣"，"于农"作"于上"。**故惟明君知好言之不可以强兵辟土**

也，惟圣人之治国作壹，抟之于农而已矣。

去强第四

论治国强弱之理，谓能以弱去强，乃为真强。此篇当与《说民》《弱民》二篇参观。

以强去强者弱，以弱去强者强。此二句亦见《弱民》篇。师辙按，《意林》引作"以强去弱者弱，以弱去强者强"。然下文云："以强攻强者亡，以弱攻强者王。"则《意林》误。**国为善，奸必多。**《孟子》所谓"徒善不足以为政"，郑子太叔为政，国多盗之类。**国富而贫治，曰重富，重富者强。国贫而富治，曰重贫，重贫者弱。**贫治，谓重节俭。富治，谓尚奢侈。重，谓增益也。**兵行敌所不敢行，强。事兴敌所羞为，利。主贵多变，国贵少变。国多物，削。主少物，强。**主贵多权谋，国贵少变故。物，事也。多物，谓业务纷更。少物，谓政治专壹。陶鸿庆云："'少物'上'主'字涉上文而衍。"又引《弱民》篇："利出十孔，则国多物。出一孔，则国少物。守一者治，守十者乱。"谓"与此文有详略，义则一也"。师辙按，陶校"一孔""十孔"互讹，说具《弱民》篇。**千乘之国，守千物者削。**古制：九夫为井，六十四井为乘。出长毂一乘，马四匹。能出兵车千乘，大国也。守千物，谓纷营众事，不能专壹。老子曰："抱一为天下式。"**战事兵用曰强，战乱兵息而国削。**曰，疑"国"字之讹，当作"战事兵用而国强"。谓事战斗，兵常用，则国强。废战备，兵久息，则国削。乱，借为"敽"，紊也。

农、商、官三者，国之常官也。农、商、官为三官，犹言士、农、工、商为国四民。农、商、官三者，皆国之不可缺者也，故谓之曰"常官"。**三官者，生虱官者六：曰岁，曰食，曰美，曰好，曰志，曰行。六者有朴，必削。**虱，《说文》："啮人虫也。"生虱官，谓为官之害，犹虱之害于人。"岁"谓偷惰岁功，"食"谓暴弃食物，皆有害于农。"美"谓美衣食，"好"谓重玩好，皆有害于商。"志"谓有暴慢之志，"行"谓有贪污之行，皆有害于官。朴，质也。《弱民》篇有此数句。下云："农有余食，则燕于岁。商有淫利，有美好，伤器。官设而不用，志行为卒。"孙校："魏仲举《五百家集注韩文》六《泷吏》诗注引'曰美'作'曰玩'，则南宋盖与范本同。"○严校："范本无'曰美'句，'好'上有'玩'字，行下有阙文三字。"师辙按，绵眇阁本、吴本、评校本作"曰玩好❶"，亦无"曰美"句。三官之朴三人，六官之朴一人。此二句不可解，疑有脱简。**以治法者强，以治政者削。常官治者迁官。**以，用也。治法，谓画一法令，遵而行之。治政，谓恃人而治，不重法令。常官治者，谓农、商、官三者各有常经，则不过迁移官职而已，言

---

❶ "曰玩好"，绵眇阁本作"曰玩""曰好"。

其治之易也。陶校谓"治法、治政，皆当二字倒乙"❶。○严校："范本'治者'作'法去'，讹。"辙按，各本皆同范本。**治大，国小。治小，国大。强之，重削。弱之，重强。**大国民众事繁，政常难周，当如治小国之精密。小国地狭财乏，治易苟且，当如治大国之宏远。强须防其削，弱须图其强。**夫以强攻强者亡，以弱攻强者王。**以强攻强者亡，如苻坚攻晋之类。以弱攻强者王，如句践攻吴之类。○严校："秦本、范本作'攻弱'，此依元本。"辙按，各本俱作"以弱攻弱者王"。**国强而不战，毒输于内，礼乐虱官生，必削。国遂战，毒输于敌，国无礼乐虱官，必强。举荣任功曰强**，《汉书·扬雄传》："四皓采荣于南山。"颜师古注："荣，谓声名也。"举荣，谓举贤。《算地》篇有"论荣举功以任之"，可证不误。严校非。陶校则以"荣"为"劳"之误，亦非。○严校："按，'荣'字疑误。"**虱官生必削。农少商多，贵人贫、商贫、农贫，三官贫，必削。**

国有礼、有乐、有《诗》、有《书》、有善、有修、有孝、有弟、有廉、有辩。国有十者，上无使战，必削至亡；国无十者，上有使战，必兴至王。国以善民治奸民者，必乱至削；国以奸民治善民者，必治至强。善，良也。以治良民之法治奸民，必乱至削；以治奸民之法治良民，必治至强。**国用《诗》、《书》、礼、乐、孝、弟、善、修治者，敌至必削。国不至必贫。**"削"下"国"字

---

❶ "治法治政皆当二字倒乙"，陶鸿庆《读〈商君书〉札记》原文为："治法、治政二字，皆当倒乙。"

疑衍，后见陶校，与余说同。或谓"国"当作"敌"。评校本以下文"国"字属上读，而以"削国贫国"为句，亦可通。**国不用八者治，敌不敢至，虽至必却，**却，退也。兴兵而伐必取，取必能有之，按兵而不攻必富。**国好力，日以难攻。国好言，日以易攻。**俞校："两'日'字乃'曰'字之误。"引《说民》篇为证。师辙按，俞校是。**国以难攻者，起一得十。国以易攻者，出十亡百。**"以易攻者"上，严校本脱"国"字，兹据绵眇阁本、吴本、程本、钱本、评校本、冯本、范本、四库本补。起一得十，谓一起兵必得十倍之利。出十亡百，谓十出兵，其损失必百倍也。

重罚轻赏，则上爱民，民死上；重赏轻罚，则上不爱民，民不死上。重罚轻赏则民畏，犯罪者寡，故谓爱民，民争赴战而为上死。重赏轻罚，则民犯罪者众，故谓不爱民，民怯赴战，不为上死。**兴国行罚，民利且畏。行赏，民利且爱。**○严校："旧本此下有'行刑重其轻者，轻其重者。轻者不生，重者不来'十八字，与下《靳令》篇语同，而文谊未全。今从秦本删去。"师辙按，各本有，不当删。**国无力而行知巧者必亡。**《韩非子·扬权》："圣人之道，去知与巧。知巧不去，难以为常。"**怯民使以刑必勇，勇民使以赏则死。**怯，多畏也。死，谓死敌。**怯民勇，勇民死，**严校本作"勇以死"❶，误。此据各本改正。**国无敌者强，强必王。贫者使以刑则富，富者使以赏则贫，治国能令贫者富、富者贫，则国多力，多力者王。**贫者威以刑罚，使勤

---

❶ "勇以死"，严万里校本原作"勇民死"。

勉则富矣。富者奖以虚荣，使奢侈则贫矣。管仲常操其术，以富四郊之民。事见《管子》。**王者刑九赏一，强国刑七赏三，削国刑五赏五。**

国作壹一岁，十岁强；作壹十岁，百岁强；作壹百岁，千岁强；千岁强者王。威以一取十，以声取实，故能为威者王。威，畏也。威使人畏，能以少取众，以虚声取实利。**能生不能杀，曰自攻之国，必削；能生能杀，曰攻敌之国，必强。**杀，读如《周礼》"诏王杀邦用"之"杀"。郑注："杀，犹减也。"生、杀，俱指民力而言。《说民》篇云："能生力，能杀力，曰攻敌之国，必强"，"能生力，不能杀力，曰自攻之国，必削"。**故攻官、攻力、攻敌，国用其二，舍其一，必强；**攻，读如《周礼·考工记》"攻木"之"攻"。《小尔雅·广诂》："攻，治也。"攻官，谓去虱官。攻力，谓重农事。攻敌，谓尚战斗。舍，置也。**令用三者威，必王。**令，善也。善用三者有威，故必王。或谓"令"为"全"字之讹。

十里断者国弱，九里断者国强。断，犹决也。严校谓"九"当作"五"，是。盖谓断于远不如断于近也。师辙按，《靳令》篇云："以五里断者王，以十里断者强。"文虽不同，而其义一也。○严校："按，'九'当作'五'。下《说民》篇亦作'五'。"**以日治者王，以夜治者强，以宿治者削。**过夜为宿。宿，留也。国家治事迅速则强，迟滞则削。

举民众口数，生者著，死者削。民不逃粟，野无荒草，则国富，国富者强。此户籍之法也。举凡民众户口之数，生者著于籍，死者削其名，户籍可考。故民不逃粟，而土地尽垦。逃粟，逃赋税也。《孟子》有"粟米之征"。赵岐注："兵粮也。"○严校："'举民众'以下，一切旧本并多凌乱脱误，今从叶校本乙增。"师辙按，各本俱作"举口数，生者著，死民者削。民众从，不逃粟，野无荒草。以刑去刑，国治。以刑致刑，国乱。曰不刑重轻，刑去事成，国强"共四十三字。而叶本从"举民众"至下文"国强"，共五十字。除乙正外，计增七字，始与"重重而轻轻"接。

以刑去刑，国治；以刑致刑，国乱。故曰：行刑重轻，刑去事成，国强； 以刑去刑，如晋文公之诛颠颉；以刑致刑，如齐景公之繁刑。**重重而轻轻，刑至事生，国削。** 行刑重其轻者，则犯罪者寡，故刑去事成，国强。若重其重而轻其轻，则犯罪者众，故刑至事生，国削。师辙按，商君之言本于《管子》。《管子·法法》篇："上赦小过，则民多重罪，积之所由生也。" **刑生力，力生强，强生威，威生惠，** 刑罚驱民于农战，故能生力。国有力则强，强则有威，威加然后知惠，故威生惠。《说民》篇作"威生德"，德、惠一也。**惠生于力。举力以成勇战，战以成知谋。** 举，用也。

金生而粟死，粟死而金生。 师辙按，"粟死而金生"，当作"金死而粟生"，方与下文义合。杨慎《丹铅录》引此二句同。品节本作"粟生而金死，粟死而金生"。《管子·权修》篇："金与粟争贵。"房玄龄注："所宝惟谷，故金与粟争贵。"盖农生粟，商生金。○严校："秦本作'粟生而金死，金死而粟生'。" **本物贱，事者众，买者少，农困而奸劝，其兵弱，国必削至亡。** 本物，谓米粟。从事于农者众，粟米贱，则农困，而相劝为奸。**金一两生于竟内，粟**

十二石死于竟外。粟十二石生竟内，金一两死于竟外。竟，界也。国好生金于竟内，则金粟两死，仓府两虚，国弱。○严校："旧本无'国弱'及下文'国强'四字。按，杨慎《丹铅别录》、文集四十六引并有，今据增。"师辙按，《艺文类聚》卷八十五、《御览》卷八百四十，俱引《商君书》"金一两生于境内"至"仓府两实国强"一段，皆多"国弱""国强"四字。严氏据补甚是。但引《丹铅录》，而不知引二书，未免不知本矣。国好生粟于竟内，则金粟两生，仓府两实，国强。○严校："杨慎引作'两盈'。"

强国知十三数：竟内仓、口之数，仓廪、户口之数。陶鸿庆谓"仓"乃"食"字之误。尹桐阳谓"口"当作"亩"。师辙按，二家之说皆非。仓廪、户口为二事，故合下文为十三数，否则少一数矣。壮男、壮女之数，老、弱之数，官、士之数，以言说取食者之数，谓游说之士。利民之数，利，饶也，谓富民也。○严校："秦本无此句。"马、牛、刍藁之数。《说文》："刍，刈草也。"藁，秆也。欲强国，不知国十三数，地虽利，地形利便。或曰："利，谓富也。"民虽众，国愈弱至削。

国无怨民曰强国。兴兵而伐，则武爵武任，必胜。按兵而农，粟爵粟任，则国富。兵起而胜敌、按兵而国富者王。武爵武任，谓以战功大小锡爵任官。粟爵粟任，谓以致粟多寡锡爵任官。《史记·商君传》"有军功者，各以率受上爵"，"力本业，耕织致粟帛多者复其身"是也。陶校"则武爵武任"之"则"字，当在"必胜"上，方与下文一律。

卷二一

说民第五

说民之性情，与用民之术。此篇多与《去强》篇相发明。

辩、慧，乱之赞也。礼、乐，淫佚之征也。慈、仁，过之母也。任、举，奸之鼠也。 慧，儇也。赞，助也。淫佚，各本作"淫泆"。任举，作"任誉"。当从之。泆，水所荡泆也。《书·酒诰》"淫泆于匪彝"，《左传·隐三年》"骄奢淫泆"，亦皆作"泆"。泆乃正字，佚乃借字。征，召也。母，本也。任，用也。誉，名美也。《韩非子·六反》："活贼匿奸，当死之民也，而世尊之曰任誉之士。"辩、慧足以淆是非，故为乱之助。礼、乐足以适体志，故为淫泆之召。慈、仁不足以惩恶，故为生过之本。任、举适足启幸进，故为奸之鼠。鼠善穿穴害物，《汉书·五行志》："鼠，小虫，性盗窃。" **乱有赞则行，淫佚有征则用，过有母则生，奸有鼠则不止。八者有群，民胜其政。国无八者，政胜其民。民胜其政，国弱；政胜其民，兵强。** 八者，辩、慧、礼、乐、慈、仁、任、誉也。群，众也。八者有党众，则权操诸下。无八者，则权操自上。**故国有八者，上无以使守战，必削至亡。国无八者，上有以使守战，必兴至王。**

用善则民亲其亲，任奸则民亲其制。合而复者，善也；别而规者，奸也。 用治善民之法治民，则民爱其私亲。

用治奸民之法治民，则民重其法制。复，覆也，伏也。覛，字书无，疑"规"字之讹。绵眇阁本作"规"。《错法》篇："使必尽力以规其功。"吴本、冯本、范本、崇文本，"规"俱误作"覛"，可证。规，法度也。言民相合而互匿其过，用善法为之害也。有别而不逾规矩，任奸法使之然也。陶校亦以"覛"为"规"之误字，"'规'，读为'窥'。《韩非子·制分》篇：'然则去微奸奈何，其务令之相规。'顾氏《识误》云'规'读为'窥'，是也。别而窥者，民离则相窥而告，奸也"。辙按，陶说亦通。○严校："按，字书无'覛'字，疑误。"章善则过匿，任奸则罪诛。章，表也。匿，藏也。表善则过失藏匿，任奸则有罪必诛。过匿则民胜法，罪诛则法胜民。民胜法，国乱；法胜民，兵强。故曰：以良民治，必乱至削；以奸民治，必治至强。

国以难攻，起一取十。国以易攻，起十亡百。严校本作"起一亡百"，误。此据各本改正。观下文及《去强》篇可证。国好力，曰以难攻。国好言，曰以易攻。两"曰"字，严校本作"日"，误。今据各本改正。民易为言，难为用。民易议论政治，难用之战斗。国法作民之所难，兵用民之所易，而以力攻者，起一得十。国法作民之所易，兵用民之所难，而以言攻者，出十亡百。法作民之所难犯，兵用民之所乐从，此谓以力攻，故起一得十。法作民之所易犯，兵用民之所畏难，此谓以言攻，故出十亡百。严校本作"必百❶"，误。此据各本改"亡百"。

---

❶ "必百"，严万里校本原作"亡百"。

罚重爵尊，赏轻刑威。爵尊，上爱民；刑威，民死上。 官爵尊贵，则民歆羡而趋于事，故谓上爱民。刑罚严厉，则民畏威而勇于战，故谓民死上。**故兴国行罚则民利，用赏则上重。法详则刑繁，法繁则刑省。**《书·吕刑》："度作详刑以诘四方。"郑康成注："详，审察之也。"法繁，当作"法简"。《韩非子·八说》："法省而民讼简。"义同。**民治则乱，乱而治之，又乱。故治之于其治则治，治之于其乱则乱。民之情也治，其事也乱。**此谓致治于未乱，保邦于未危。民之情本望治，而其事势常趋于乱。盖饥寒衣食之争，而变乱生焉。**故行刑重其轻者，轻者不生，则重者无从至矣，此谓治之于其治也。**《韩非·说储上》："公孙鞅之法也，重轻罪者，人之所难犯也。❶而小过者，人之所易去也。使人去其所易，无离其所难，此治之道。夫小过不生，大罪不至，是人无罪而乱不生也。一曰：公孙鞅曰：'行刑重其轻者，轻者不至，重者不来。是谓以刑去刑。'"❷《史记·李斯传》："商君之法，刑弃灰于道者。夫弃灰，薄罪也，而被刑，重罚也。彼唯明主为能深督轻罪。夫罪轻且督深，而况有重罪乎？故民不敢犯也。"**行刑，重其重者，轻其轻者，轻者不止，则重者无从止矣，此谓治之于其乱也。**○严校："旧本多作'无从至'，文❸义不合。'至'当作'止'，今改正。"师辙按，严校是。**故重轻，则刑去事**

---

❶ 此句引文有误。原文为："公孙鞅之法也重轻罪。重罪者，人之所难犯也。"

❷ 此段引文出自《韩非子·内储说上》。

❸ "文"，严万里校本上有"于"字。

成，国强；重重而轻轻，则刑至而事生，国削。此数句与《去强》篇同，其他同者亦不少，解详前。

民勇则赏之以其所欲，民怯则杀之以其所恶。怯民恶死。故怯民使之以刑则勇，勇民使之以赏则死。怯民勇，勇民死，国无敌者必王。民贫则弱，国富则淫，淫则有虱，有虱则弱。淫，谓放荡奢侈。淫害于国，犹人身之有虱也。故贫者益之以刑则富，富者损之以赏则贫。民贫，以刑督之力农，则富。民富粟多者，使输粟得官爵，以杀其富，故贫。《靳令》篇："民有余粮，使民以粟出官爵。"治国之举，贵令贫者富，富者贫。贫者富，富者贫，国强，○严校："诸本'国强'字在'贫者富'下，今按文义乙正。秦本与诸本同。'富者贫'下又有'国弱'字，于义悖，当属妄增。"师辙按，秦本据评校本增"国弱"二字，固非，然严铁桥乙改亦非。按，各本皆作"贵令贫者富，富者贫。贫者富，国强。富者贫，三官无虱"。盖"富者贫"一句，乃下属成文，谓农、商、官三常官不能贪则贫，故言富者贫。三官无虱，文义甚通，不必再增乙也。三官无虱。国久强而无虱者必王。

刑生力，力生强，强生威，威生德，德生于刑。故刑多则赏重，赏少则刑重。即上文"罚重爵尊，赏罚[1]刑威"之意。民之有欲有恶也，欲有六淫，恶有四难。从六淫，国弱；行四难，兵强。六淫，六欲也。《吕览·贵生》：

---

[1] "罚"，字误，朱师辙《商君书解诂》民国五年（1916）手稿本作"轻"。

"六欲皆得其宜。"高诱注："六欲，生、死、耳、目、口、鼻也。"盖心淫于死、生，耳淫于声，目淫于色，口淫于味，鼻淫于臭。四难，谓严刑、峻法、力农、务战。尹桐阳以《算地》篇"羞辱劳苦者，民之所恶也"释此四难，亦通。**故王者刑于九而赏出一，刑于九则六淫止，赏出一则四难行，六淫止则国无奸，四难行则兵无敌。民之所欲万，而利之所出一。民非一，则无以致欲，**○严校："秦本、范本，'则'作'政'，误。"**故作一。作一则力抟，力抟则强。强而用，重强。故能生力，能杀力，曰攻敌之国，必强。**抟，聚也。杀，犹减也。强而用，谓强而用于战。**塞私道以穷其志，启一门以致其欲，**塞，绝也。穷，困也。启，开也。启一门以致其欲，谓力农战则可得官爵。**使民必先行其所要，然后致其所欲，故力多。**陶校："愚按，'使民'二字为句，'要'乃'恶'字之误，隶书'恶'或作'恶'，因误为'要'。上文云'民勇则赏之以其所欲，民怯则杀之以其所恶'，是其证。先行其所恶，后致其所欲，所谓法行则知恩也。《徕民》篇云：'此必与其所欲，而不使行其所恶也。'义与此相反。"师辙按，陶说是。**力多而不用则志穷，志穷则有私，有私则有弱，**陶校，"有弱"之"有"字衍。**故能生力不能杀力，曰自攻之国，必削。故曰：王者国不蓄力，家不积粟。国不蓄力，下用也；家不积粟，上藏也。**《国语》："蓄力一纪。"韦注："蓄，养也。"国不必蓄力而可以战，下用命也。家不必积粟而无饥荒，上藏仓库也。

国治，断家王，断官强，断君弱。陶校谓三"断"

字，皆当乙转，始与下文相合。师辙按，可不改。**重轻刑去，常官则治，省刑要保，赏不可倍也。** 省刑要保，谓使民互相为保，有奸必告，则民不敢犯法，故刑减省。倍，犹背也，谓赏必信。吴本"保"作"葆"，误。**有奸必告之，则民断于心。上令而民知所以应，**民断于心，谓民心知法严，不敢为非。**器成于家，而行于官，则事断于家。**百姓所作器用不为淫巧，朴实适用，有裨民生，为公家所利用，故器成于家而行于官，所谓"事断于家"也。**故王者刑赏断于民心，器用断于家。**○严校："范本作'决于家'。"师辙按，各本同。**治明则同，治暗则异。**同，读如《周语》"和同可观"之"同"。韦注："一心不二曰同。"治明则同，谓上下同心。《说文》："异，分也。"《墨子·经》："异，二体不合不类。"治暗则异，谓上下分离。**同则行，异则止。**同心则政令通行，异志则庶事阻滞。**行则治，止则乱。治则家断，乱则君断。**治国者贵下断，故以十里断者弱，以五里断者强。**家断则有余，故曰：日治者王。**家断，谓刑赏断于民心，则政简，日有余，故曰日治。《韩非子·有度》"治不足而日有余"是也。○严校："范本无'曰'字，下同。"**官断则不足，故曰：夜治者强。**官断，谓事皆经官决定，已有日力不足之虞，故曰夜治。**君断则乱，故曰：宿治者削。**国政皆须待君主决定，则政事迟滞，故曰宿治。**故有道之国，治不听君，民不从官。**有道之国，法令画一，故臣据法而治，民不必听命于君主，民遵法而行事，不必依附其长官。商君法治之精神，今日欧西诸国言法治者，不能逾也。

算地第六

算，计也。计地之广狭、民之众寡以使民，务尽其地力。

凡世主之患，用兵者不量力，治莱者不度地。患，忧也。《诗·楚茨》序："田莱多荒。"疏："田废生草谓之莱。"度，量也。故有地狭而民众者，民胜其地。地广而民少者，地胜其民。民胜其地务开，地胜其民者事徕。胜，犹过也。开，辟也，谓务在辟草莱。徕，至也，谓宜从事招至流亡。开则行倍。能开草莱，出产将倍于常也。○严校："按，此下当有缺文。"民过地则国功寡而兵力少，地过民则山泽财物不为用。民过地，谓民多地少，则生产不足，故兵力减少。地过民，谓地多民少，则地利不能开，故财物不为用。夫弃天物、遂民淫者，世主之务过也，而上下事之，故民众而兵弱，地大而力小。遂，从也。言秦有民而不知用，有地而不知垦，是谓弃天物、遂民淫。由世主规画之误，而上下事之，谓主与臣皆如此，宜其民众国弱，地大力小。故为国任地者，山林居什一，薮泽居什一，溪谷流水居什一，都邑蹊道居什四，此先生之正律也。《周礼·大司马》"以任邦国"。郑注："任，犹事也。"《易·系辞传》："则居可知矣。"《释文》："居，处也。"《说文》："薮，大泽也。"先大父曰："谓泽之地多水少，草木所聚者。"《风俗通》："水草交厝名之为泽。"《尔雅》"山渎无所通溪"，又"水注川曰溪，注溪曰谷"。《说文》："泉出通川为谷。"《左传》："凡邑有宗庙先君之主曰都，无曰邑。"《广雅》："蹊，道也。"《通俗文》："邪道曰蹊。"师辙按，"都邑蹊道居什四"句，误。此下亦有脱文。《徕民》篇作"山陵处什一，薮泽处什一，溪谷流水处什一，恶田处什二，良田处什四"，可证本文之误。《尔雅》："律，法也。"**故为国分田数小，亩五百，足待一役，此地不任也。方土百里，出战卒万人者，数小也。**《说文》徐锴本："六尺为步，步百为亩。秦田二百四十步为亩。"《左传》："为此役也。"注："役，事也。"《周礼》："诸男之国，封疆方百里。"又，"制军，万有二千五百人为军"，"小国一军"。贾疏："子男为小国。"方土百里，出战卒万人，是数小也。国小地狭，地不足用，而能待役，以分田数小，能尽地力，而无遗利也。汇函、品节二本，以"故国分田"为句读。**此其垦田足以食其民，都邑遂路足以处其民，山林、薮泽、溪谷足以供其利，薮泽堤防足以畜。**《周礼》："五县为遂。"注："邻酂鄙县遂❶，犹郊内比闾族党州乡也。"《春秋演孔图》："开阶立遂。"宋均注："遂，道也。"《荀子·王制》："修堤梁。"注："堤所以防水。"《周礼》："以防止水。"师辙按，"薮泽堤防足以畜"下疑脱"其饶"二字。○严校："按，'畜'下当有脱文。"**故兵出粮给而财有余，兵休民作而畜长足，**

---

❶ "邻酂鄙县遂"，《周礼》郑玄注原文"酂"上有"里"字。

此所谓任地待役之律也。畜，积也。

今世主有地方数千里，食不足以待役实仓，而兵为邻敌，为，犹与也。言兵与邻国对敌而不能战。臣故为世主患之。夫地大而不垦者，与无地同；〇严校："秦本、范本'地'下有'者'字，下同。"师辙按，各本皆有"者"字。民众而不用者，与无民同。故为国之数，务在垦草；数，术也。用兵之道，务在壹赏。私利塞于外，则民务属于农，《晋语》："是自背其信而塞其忠。"注："塞，绝也。"属于农，谓专力于农。属于农则朴，朴则畏令。私赏禁于下，则民力抟于敌，抟于敌则胜。私赏禁于下，谓非功不赏。公赏以战功为主，其他恩赏皆私赏也。抟，聚也。奚以知其然也？夫民之情，朴则生劳而易力，穷则生知而权利。权利，计算利益也。易力则轻死而乐用，权利则畏罚而易苦。易苦则地力尽，乐用则兵力尽。

夫治国者，能尽地力而致民死者，名与利交至。〇严校："秦本、范本作'并至'。"民之性，饥而求食，劳而求佚，苦则索乐，辱则求荣，此民之情也。〇严校："秦本、范本作'百姓之情也'。"民之求利，失礼之法；求名，失性之常。奚以论其然也？今夫盗贼上犯君上之所禁，而下失臣子之礼，〇严校："元本、范本，'臣'作'天'，误。此据秦本。"师辙按，吴本、程本、冯本、钱本俱误作"天子"。绵眇阁本作"臣民"，当从之。故名辱而身危，犹不止者，利也。其上世之士，衣不煖肤，食不满肠，苦其志意，《意林》引"煖"作"暖"，"肠"作"腹"，"志"作"心"。《御览》三百七十五引同，"四肢"作"四胑"。按，《说文》"胑，体四胑也"，或"体"作"胑"。**劳其四肢，伤其五脏，而益裕广耳，**裕，足也。广，大也。谓士之劳苦困乏其身，为益裕广大名誉计耳，非性之常也，所以为之者名也。严校非。○严校："按，此句有脱误。"**非生之常也，**俞樾曰："生、性古通用。此'生'字当读为'性'。"师辙按，俞说是也。品节本作"性"。此句与上文"求名，失性之常"相应。**而为之者，名也。故曰：名利之所凑，则民道之。**凑，绵眇阁本、吴本、程本、评校本、冯本、钱本、范本、四库本俱作"奏"。师辙按，奏，进也。"奏"与"凑"皆通，不必改作"凑"。凑，聚也。道，借为"导"，行也。谓名利之所在，则民趋之。严按非。○严校："按，'道'字疑误。"**主操名利之柄，而能致功名者，数也。**数，术也。《韩非子·制分》："夫治法之至明者，任数不任人。"圣人审权以操柄，审数以使民。数者臣主之术，而国之要也。故万乘失数而不危，臣主失术而不乱者，未之有也。今世主欲辟地治民而不审数，臣欲尽其事而不立术，故国有不服之民，主有不令之臣。主，严校本作"生"，误。今从绵眇阁本、吴本、程本、评校本、冯本、钱本、范本、汇函本、四库本改正。令，善也。《左传》："寡君有不令之臣达。"**故圣人之为国也，入令民以属农，**各本俱作"数农"。数，计也。**出令民以计战。**夫农，民之所苦；而战，民之所危也。犯其所苦，行其所危者，计也。以计使之然也。陶校谓"计"下有"利虑名"三字，非。**故民生则计利，死则虑名。名利之所出，不可不审也。利出于地，则民尽力。名出于战，则民致死。民求利，惟有垦地，故尽力。求名，惟有力战，故致死。入使民尽力，则草不荒。出使民致死，则胜敌。胜敌而草不荒，各本作"胜敌草木不荒"。富强之功，可坐而致也。

今则不然。世主之所加务者，皆非国之急也。加务，谓加意所务之事。身有尧、舜之行，而功不及汤、武之略者，此执柄之罪也。《说文》："略，经略土地也。"《广雅》："治也。"执柄，犹今言操政权。《周礼·太宰》："以八柄诏王驭群臣。"郑注："所秉执以起事者也。"《庄子·天道》："天下奋棅。"司马注："威权也。"棅，为柄之或体。臣请语其过。夫治国舍势而任说说，则身修而功寡。舍势，谓舍权。尹桐阳言"势"即"埶"，穜也，谓力农，非。上"说"字，当为"谈"字之讹。修，当作"劳"。邵瑞彭云："衍一'说'字。"修，疑为"偷"。师辙按，邵说亦通。品节本少一"说"字，邵校与之合。陶鸿庆云上"说"字当作"谈"，与余所校相同。故事诗书谈说之士，则民游而轻其君。事处士，则民远而非其上。事，任也，用也。民远，品节本作"民退"，系以意改。事勇士，则民竞而轻其禁。技艺之士用，则民剽而易徙。竞，争也。剽，轻也。各本作"投艺之民用"。商贾之士佚且利，则民缘而议其上。故五民加于国用，则田荒而兵弱。《广雅》："佚，乐也。"缘，因也。加，增也。谓国重用五民，则田荒兵弱。"加"字不衍，严校非。绵眇阁等本"五民下"有"者"字。陶校谓"于"乃"务"之坏字，"用"乃"中"之讹，古文皆相近，故误。加务国中，与上下文"加务"可互证，亦以严氏谓"加"字衍为非。○严校："按，'加'字疑衍。"**谈说之士资在于口，处士资在于意，勇士资在于气，技艺之士资在于手，商贾之士资在于身。故天下一宅，而圆身资。民资重于身，而偏托势于外。挟重资，归偏家，尧、舜之所难也。**资，货也，用也。商贾负贩，故资在身。圆，周也。言此五民视天下如一家，而周身则其资，故易藉外势，挟重资，敖游列国，不似农民朴质，安土重迁。此其民尧舜所难治也。师辙按，各本俱作"故天子一宅，而环身资"。陶校："圆，当为'环'。《韩非子》'自环者为私'，《说文》引作'自营者为私'。❶圆身资者，谓视天下如一家，则轻去其国，而自营其身资也。"姑存其说。陶氏未见诸本，故云"圆"当作"环"，实不须多此周折。**故汤、武禁之，则功立而名成。圣人非能以世之所易胜其所难也，必以其所难胜其所易。故民愚则知可以胜之，世知则力可以胜之。臣愚则易力而难巧，世巧则易知而难力。**臣，民也。《吕氏春秋·上农》："民舍本而事末则好知，好知则多诈，多诈则巧法令。"**故神农教耕而王天下，师其知也。汤、武致强而征诸侯，服其力也。今世巧而民淫，方倣汤、武之时，**《说文》有"效"无"倣"，效，像也。与敩、孝义略同。吴本、评校本、程本、范本、钱本、品节本作"倣"。按，做俗字，当作"仿"。仿、效皆通。绵眇阁本作"傲"，误。**而行神农之事，以随世禁，故千乘惑乱，此**

---

❶ 陶鸿庆《读〈商君书〉札记》此句原文为："《韩非子·五蠹》篇'自环者谓之私'，《说文》引作'自营为私'。"

其所加务者过也。禁，吉凶之忌也。○严校："'千乘'字疑误。"师辙按，各本皆作"千乘"，不误。千乘，大国也。惑，各本俱作"式"。《尔雅》："式，用也。"谓千乘用此而乱。惑乱，疑浅人臆改。惑，疑也。以随世禁，谓从世之忌讳，喻为治拘于流俗也。○严校："范本'惑'作'式'。按，'千乘'字疑亦误。"

民之生，度而取长，称而取重，权而索利。先大父曰："五度：分、寸、尺、丈、引也。度，起于人手取法，故从又。"称，铨也。《管子·版法》："一称数。"注："斤两也。"《汉书·律历志》："权者，铢、两、钧、石也。"**明君慎观三者，则国治可立，而民能可得。**《吕览》高诱注："能，力也。"**国之所以求民少，而民之所以避求者多。入使民属于农，出使民壹于战。故圣人之治也，多禁以止能，任力以穷诈。两者偏用，**偏，假借为"遍"，周匝也。遍用，言皆用也。**则境内之民壹。民壹则农，农则朴，朴则安居而恶出。**安居，各本作"安其居"。**故圣人之为国也，民资藏于地，而偏托危于外。**《书·秦誓》马融本："惟截截善偏言。"注："偏，少也。"托，寄也，依也。危，险也。民力农则富，依外则危，故少依外也。**资于地则朴，**汇函本、品节本，"资"下有"藏"字。**托危于外则惑。民入则朴，出则惑，故其农勉而战戢也。**《尔雅》："戢，聚也。"言民力专于战。或曰："戢，借为辑。"谓勉力于农事，而辑和于战斗。俞樾曰："此'戢'非戢止之义，当读为'捷'。《诗·鸳鸯》篇'戢其左翼'，《释文》引《韩诗》曰'戢，捷也'。盖'戢'与'捷'声近而义同。下云'战戢则邻危',若以本字读之,义不可通矣。"师辙按,《韩诗》:"戢,捷也,捷其噣于左也。"先大父谓"捷"借为"插"。是"捷"非战捷之"捷",俞说误矣。**民之农勉则资重,战戢则邻危。**汇函本、品节本"民"下无"之"字。资重则不可负而逃,邻危则不归于无资。归危外托,狂夫之所不为也。**故圣人之为国也,观俗立法则治,察国事本则宜。不观时俗,不察国本,则其法立而民乱,**则其,各本俱作"故其"。**事剧而功寡。此臣之所谓过也。**剧,繁多也。

夫刑者,所以夺禁邪也。夺,谓强劫而制之。○严校:"元本无'夺'字。"师辙按,绵眇阁本亦无"夺"字。吴本、程本、评校本、冯本、钱本、范本皆有。**而赏者,所以助禁也。羞辱劳苦者,民之所恶也。显荣佚乐者,民之所务也。**佚,安也。**故其国刑不可恶,**四库本无"可"字,各本皆有。**而爵禄不足务也,此亡国之兆也。刑人复漏,则小人辟淫而不苦刑,**辟,邪也。师辙按,此下当复"小人辟淫而不苦刑"一句。又,下文"徼"下当有"倖"字。**则徼倖于民上,**徼于民上以利求。**显荣之门不一,**小人徼倖于民上,为利是求,则显荣之门不一,故君子藉势力以成名。○严校:"按,'则徼'下数语当有脱讹。又,范本下句无'民'字。❶"师辙按,各本皆无"民"字。**则君子事势以成名。小人不避其禁,故刑烦。君子不设其令,则罚行。刑烦而罚行者,国多奸,则富者不能守其财,**严校:"则,元本

---

❶ 严万里校本此句原文为:"又,范本次句无'民'字,诸本有。"

作'故'。范本缺一字，缺上有'欲'字。或此处有脱句也。今从秦本作'则'，'则'上有'征'字，依文义删去。"师辙按，程本同，范本、其他各本俱作"欲富"。**而贫者不能事其业，田荒而国贫。田荒则民诈生，国贫则上匮赏。故圣人之为治也，刑人无国位，戮人无官任。**匮，乏也。〇严校："元本、范本'故'下有'天地设而民生当此之时也'十一字，乃《开塞》篇文，误入此。今依秦本删去。"师辙按，各本皆有此十一字。**刑人有列，则君子下其位。衣锦食肉，则小人冀其利。君子下其位则羞功，小人冀其利则伐奸。**列，位也。下其位，谓轻视其禄位。冀其利，谓希望其权利。羞功，谓羞其勋赏。伐奸，谓矜伐其知巧。**故刑戮者所以止奸也，而官爵者所以劝功也。今国立爵而民羞之，设刑而民乐之，此盖法术之患也。**言用法术不当之患。**故君子操权一正以立术，**一正，读作"一政"。古多通假，非误。《韩非子·心度》："明君操权而上重，一政而国治。"〇严校："按，'一正'字疑有误。"**立官贵爵以称之，**称，谓权其轻重而授官爵。〇严校："范本'之'作'臣'，误。"**论荣举功以任之，**论荣，谓论贤，详《去强》篇注。〇严校："按，'荣'字疑误。范本'之'下有'者'字。"**则是上下之称平。上下之称平，则臣得尽其力，而主得专其柄。**称，衡量也。各本皆作"执其柄"。

开塞第七

塞，隔也。汤武之道不明，故开其塞。《史记·商君传》司马贞《索隐》："开谓严刑则政化开，塞谓布恩赏则政化塞。"与本篇之义不合。

天地设而民生之。当此之时也，民知其母而不知其父，其道亲亲而爱私。亲亲则别，《易·系辞》："天地设位。"《吕览·恃君》："昔大古尝无君矣，其民聚生群处，知母不知父。"别，分也。○严校："范本脱一'亲'字。"**爱私则险。民众，**险，恶也。柯劭忞云："'险'为'俭'之坏字。"志害狭也。○严校："范本作'阴阳民险众'，误。"师辙按，各本同范本，惟评校本作"爱私则阴阳民生"，亦误。**而以别、险为务，则民乱。**各本作"则有乱"。**当此时也，民务胜而力征。务胜则争，**征，伐也。○严校："范本'务'作'负'。"**力征则讼，讼而无正，则莫得其性也。**讼，争也。《说文》："正，是也。"先大父曰："正，本训当为侯中也。象方形。"师辙按，《小尔雅》："鹄中者谓之正。"正为矢之标准。民争而无标准以判其是非，则不能顺民之性。或曰，《尔雅》："正，长也。"《礼记·王制》："史以狱成告于正，正听之。"**故贤者立中正，设无私，**○严校："范本无'正'字，误。"师辙按，各本俱无"正"字。故评校本以"故贤者立中设无私"为一句，尹桐阳以"故贤者立"为一句，"中正设"为一句。二家句读皆非。**而民说仁。**说，借为"悦"，乐也。○严校："范本'说'作'曰'，误。"辙按，各本皆作"曰"。**当此时也，亲亲废，上贤立矣。凡仁者以爱为务，**师辙按，绵眇阁本、程本、冯本、钱本、范本、吴本、四库本，"爱"下有"利"字，当从之。**而贤者以相出为道。**仁者以爱利万物为务，贤者以出私上贤为道。陶云："出，当为'屈'，言自高其贤以相屈服。"或曰，《释名》："出，推❶，推而前也。"贤者以推举贤人为道，亦通。**民众而无制，**制，法度也。**久而相出为道，则有乱。**陶校："'久'乃'仁'字之误。仁，古或作'𠬞'，因误为'久'。"**故圣人承之，**承，奉也，受也。谓圣人奉受其教而立制度。**作为土地、货财、男女之分。分定而无制，不可，故立禁；禁立而莫之司，不可，故立官；官设而莫之一，不可，故立君。**《左传》："天生民而立之君，使司牧之。"《小尔雅》："司，立也❷。"一，谓统一。**既立君，**○严校："秦本、范本'君'上有'其'字。"辙按，各本皆同。**则上贤废而贵贵立矣。然则上世亲亲而爱私，中世上贤而说仁，下世贵贵而尊官。上贤者以道相出也，**上贤者以道出其私。严校："范本'道'作'赢'，误。"**而立君者使贤无用也。亲亲者以私为道也，而中正者使私无行也。此三者非事相反**

---

❶ "推"，《释名》"推"下有"也"字。
❷ "立也"，《小尔雅》原作"主也"。

也，民道弊而所重易也，言风俗薄而法令须改变。世事变而行道异也。故曰：王道有绳。绳，法也。或曰：王道如绳墨之有准则。各本"道"作"者"。

夫王道一端，而臣道亦一端，尹云："臣，鞅自称。臣道，谓臣所言之道。"所道则异，而所绳则一也。故曰：民愚则知可以王，世知则力可以王。民愚则力有余而知不足，世知则巧有余而力不足。民之生，不知则学，力尽而服。故神农教耕而王天下，师其知也。汤、武致强而征诸侯，服其力也。夫民愚不怀知而问，世知无余力而服。怀，抱也。故以王天下者并刑，力征诸侯者退德。绵眇阁本、评校本、程本、冯本、范本、吴本、钱本、汇函本、品节本，"王"上有"爱"字，是。四库本有"爱"字，无"王"字。俞樾曰："并，当读为'屏'，谓屏除之也。"师辙按，俞说是也。《庄子·天运》："爵并焉。"注："并，除弃也。"

圣人不法古，不修今。法古则后于时，修今则塞于势。修，行也。塞，隔也。邵瑞彭云："修，当作'循'。下同。"师辙按，循、修，古通用。周不法商，夏不法虞，三代异势，而皆可以王。故兴王有道，而持之异理。武王逆取而贵顺，争天下而上让，其取之以力，持之以义。今世强国事兼并，弱国务力守，上不及虞、夏之时，而下不修汤、武。汤、武塞，师辙按，"塞"上疑夺"道"字。品节本作"汤武之道塞"，文义较明，言汤武之道蔽塞，不知致强而征诸侯。故万乘莫不战，千乘莫不守。此道之塞久矣，而世主莫之能废也，废，借为"发"。《广雅》："发，开也。"莫之能废，谓莫能开其塞。或云：言世主莫能废汤武之道。故三代不四。三代不能有四。非明主莫有能听也，今日愿启之以效。启，开也。

古之民朴以厚，今之民巧以伪。故效于古者先德而治，效于今者前刑而法。此俗之所惑也。严校："'今之民'以下，元本、范本'之'作'时'，'德'作'得'，'治'作'防'，'效'作'治'，'惑'作'感'，并多舛误。今依秦本校正。"师辙按，绵眇阁本、吴本、评校本、程本、冯本、钱本皆同元本，作"今时民巧以伪。故效于古者先得而防，治于今者前刑而法。此俗之所感也"，不当据秦本妄改。刑，读如"仪刑"之"刑"。《吕览·有度》："物感之也。"高注："感，惑也。"今世之所谓义者，将立民之所好，而废其恶。《错法》篇："人情好爵禄而恶刑罚。"《韩非子·二柄》："杀戮刑罚者，民之所恶也。"此其所谓不义者，将立民之所恶，而废其所乐也。二者名贸实易，俞樾曰："贸者，'侔'之假字。言其名相侔。其实则相易也。汉《高彪碑》：'贸昔堇檀。'亦是假'贸'为'侔'。《集韵》曰：'贸，又音侔。'"师辙按，俞说是也。先大父《说文通训定声》"侔"下云："字亦以牟、以贸为之。"○严校："按贸、易二字疑误，当作同、异。又，《礼·檀弓》'贸贸然来'，《释文》'贸，一音牟'，则贸或侔字之假借。侔亦训同，作'名贸实异'亦可，然无他证可据。《五经文字》：'貿，经典相承，隶省作"贸"。'"不可不察也。立民之所乐，则民伤其所恶；立民之所恶，则民安其所乐。何以知其然也？夫民忧则思，思则出度；

孙诒让曰："出度，疑当作'生度'。下云'淫则生佚'，可证。"师辙按，孙说是。又按，出，疑"由"之讹。度，法度也。〇严校："案，'出'字疑误。"乐则淫，淫则生佚。师辙按，各本俱作"主佚"，误。**故以刑治则民威，民威则无奸，无奸则民安其所乐。以义教则民纵，民纵则乱，乱则民伤其所恶。吾所谓利者，义之本也；而世所谓义者，暴之道也。**陶校："'利'乃'刑'字之误。承上'以刑治''以义教'而言，'道'当为'首'。道、首古字通。"**夫正民者以其所恶，必终其所好；以其所好，必败其所恶。**此言以刑治，虽民之所恶，然可使无游惰而衣食足，故谓必终得所好；以义教，虽民之所好，然安佚骄纵而贫穷生，故谓必败坏其所恶。

治国刑多而赏少，严校："一切旧本此下并有脱句。按文义当补'乱国赏多而刑少'七字。"**故王者刑九而赏一，削国赏九而刑一。夫过有厚薄，则刑有轻重；善有大小，则赏有多少。此二者，世之常用也。刑加于罪所终，则奸不去；赏施于民所义，则过不止。**罪恶既重，然后加刑，则犯罪者众，故奸不去。民以为义，不察施赏，则众竞饰非，故过不止。所义，各本俱作"上义"。**刑不能去奸而赏不能止过者，必乱。故王者刑用于将过，则大邪不生；赏施于告奸，则细过不失。治民能使大邪不生、细过不失，则国治。国治必强。一国行之，境内独治。二国行之，兵则少寝。**寝，借为寖。先大父曰："寖，犹息也。"**天下行之，至德复立。此吾以杀刑之反于德，而义合于暴也。**反于德，谓反合于德。

古者，民藂生而群处，乱，故求有上也。藂，聚也。上，谓君也。《意林》引作"古者，民丛居而群处，乱，乃立君"。○严校："元本、范本阙'乱'字。秦本有。"师辙按，各本俱无"乱"字，秦本乃据《意林》增，然当以《类聚》所引为是。**然则天下之乐有上也，**严校："元本、范本无此句，秦本有。"❶辙按，各本亦无此句。**将以为治也。今有主而无法，其害与无主同。有法不胜其乱，与不法同。**胜，克也。有法不能定乱，则与无法同。师辙按，《艺文类聚》卷五十二引"古者，民聚生而群处，故求有上也。然则天下之乐有上，将以为治也。今有主而无法，其害与无主同。有法而不胜其乱，与无法同也"，唐本《商君书》如此，足证今本之误。**天下不安无君，而乐胜其法，则举世以为惑也。**安，乐也。**夫利天下之民者，莫大于治，而治莫康于立君。立君之道，莫广于胜法，胜法之务，莫急于去奸，去奸之本，莫深于严刑。**康，乐也。广，大也。胜，任也。**故王者以赏禁，以刑劝，求过不求善，藉刑以去刑。**以赏禁邪，以刑劝善。藉，借也。○严校："范本'求过'下有阙文五。"辙按，程本亦如此。

---

❶ 严万里校本原文为："元本、范本无'然则天下'句，秦本有。"

卷三

壹言第八

言治民之道在于壹务。

凡将立国，制度不可不察也，师辙按，察，绵眇阁本、评校本、冯本、程本、吴本、钱本、范本、陈仁锡本、四库本作"时"，当从之。《更法》篇："各当时而立法。"《算地》篇："不观时俗，不察国本，则其立法而民乱❶。"下文亦言"制度时"，足证当作"时"。严校本作"察"，非。**治法不可不慎也，国务不可不谨也，**国，各本皆作壹。**事本不可不抟也。**事本，谓从事于农战。《吕览·适音》："不收则不抟。"注："不抟，不专一也。"**制度时，则国俗可化，而民从制。治法明，则官无邪。国务壹，则民应用。事本抟，则民喜农而乐战。夫圣人之立法化俗，而使民朝夕从事于农也，**○严校："秦本'俗'作'治'，误。范本'夕'作'暮'。"师辙按，各本"时"上无"制度"二字，"夕"皆作"暮"。**不可不知也。**○严校："一切旧本'知'作'变'。此依秦本。"**夫民之从事死制也，以上之设荣名、置赏罚之明也，不用辩说私门而功立矣。**言排游说，杜私门，而功立。《管子·明法》篇：

---

❶ "则其立法而民乱"，《算地》篇作"则其法立而民乱"。

"十至私人之门，不一至于庭。"故民之喜农而乐战也，见上之尊农战之士，而下辩说技艺之民，而贱游学之人也。故民壹务，其家必富，而身显于国。上开公利而塞私门，以致民力，私劳不显于国，私门不请于君。请，求也。《韩非子·和氏》篇：商君教秦孝公"塞私门之请，而遂公家之劳；禁游宦之民，而显耕战之士"。若此而功臣劝，则上令行而荒草辟，淫民止而奸无萌。萌，兆也。治国能抟民力而壹民务者，强；抟，各本作"持"。能事本而禁末者，富。

夫圣人之治国，能抟力，能杀力。《周礼·廪人》："诏王杀邦用。"郑注："杀，犹减也。"制度察则民力抟。抟而不化则不行，行而无富则生乱。察，审也。民力抟聚而不能融化之，则不能行事。行事而无财，则生乱。故治国者，各本无"治"字。其抟力也，以富国强兵也；其杀力也，以事敌劝民也。以从事于敌国劝民，所以减杀民力也。今泰西诸国每以国民对外，减杀其内争，合于商君杀力之旨。夫开而不塞则短长，长而不攻则有奸，民知开而不塞，则短长其上。长此而不攻去之，则生奸。陶校："'短'乃'知'字之误。'知'与'智'同。'长'读上声。当作'知长而不攻'❶。攻，治也。"塞而不开则民浑，浑，敦朴厚也。浑而不用则力多，力多而不攻则有奸虱。奸之生，如虱之藏于衣缝间也。陶校："'奸'字涉上而衍。自外

---

❶ "当作知长而不攻"，陶鸿庆《读〈商君书〉札记》"当"上有"长而不攻"四字。

言之故曰奸，自内言之故曰虱。'力多而不攻则有虱'，与'知长则有奸❶'，相对成文。"**故抟力以壹务也，杀力以攻敌也。治国者贵民壹，民壹则朴，朴则农，农则易勤，勤则富。富者废之以爵不淫，淫者废之以刑而务农。**废，止也。富者歆以爵赏，禁其淫佚。淫者威以刑罚，使之务农。**故能抟力而不能用者必乱，能杀力而不能抟者必亡。故明君知齐二者，其国强；不知齐二者，其国削。**齐，谓二者相调和。二者，抟力、杀力也。

夫民之不治者，君道卑也；法之不明者，君长乱也。故明君不道卑，不长乱也。秉权而立，垂法而法治，师辙按，绵眇阁本、吴本、评校本、钱本作"垂法而治"，程本、吴本"治"上亦无"法"字，惟"治"上空二字。**以得奸于上而官无不，赏罚断而器用有度。**得奸而官无不赏，必罚而器用有度。陶校："官无不，疑当作'官无邪'。上文'治法明则官无邪'，是其证。"师辙按，陶说亦通，以"赏"字属下读。**若此，则国制明而民力竭，上爵尊而伦徒举。**国法明而民尽其力，上爵尊而众举其事。伦徒，谓群众。○严校："按，'伦徒'字当有误。"**今世主皆欲治民，而助之以乱。**○严校："以，秦本作'于'，范本作阙文。"师辙按，绵眇阁本、吴本、程本、评校本皆无"以"字，四库本作阙文。**非乐以为乱也，安其故而不窥于时也。**窥，视也。**是上法古而得其塞，下修令而不时移，**令，当作

---

❶ "知长则有奸"，陶鸿庆《读〈商君书〉札记》原作"知长而不攻则有奸"。

"今"。上法古而不知变通开塞，下修今而不知与时转移。《韩非子·心度》篇："圣人之治民，治法与时移。"而不明世俗之变，不察治民之情，故多赏以致刑，轻刑以去赏。赏多而奸愈滋，刑轻而民益玩。夫设刑而民不服，赏匮而奸益多。故民之于上也，先刑而后赏。故民之于上也，当作"故上之于民也"。故圣人之为国也，不法古，不修今，因世而为之治，度俗而为之法。故法不察民之情而立之则不成，治宜于时而行之则不干。干，乱也。故圣王之治也，慎为察务，归心于壹而已矣。冯觐以"慎为察"句读。

错法第九

错，施行也。

臣闻：古之明君错法而民无邪，举事而材自练，练，犹阅历也。赏行而兵强。此三者，治之本也。夫错法而民无邪者，法明而民利之也。举事而材自练者，功分明；功分明则民尽力，民尽力则材自练。行赏而兵强者，爵禄之谓也。赏之以爵禄，故兵强。爵禄者，兵之实也。是故人君之出爵禄也，道明。师辙按，"道明"二字，疑沿下文而衍。是故，各本皆作"以故"。道明则国日强，道幽则国日削。幽，暗也。故爵禄之所道，存亡之机也。夫削国亡主，非无爵禄也，其所道过也。三王五霸，其所道不过爵禄，而功相万者，其所道明也。《吕览·贵当》："此功之所以相万也。"高诱注："万，倍也。"是以明君之使其臣也，用必出于其劳，赏必加于其功。功赏明，则民竞于功。竞，争也。为国而能使其民尽力以竞于功，则兵必强矣。

同列而相臣妾者，贫富之谓也；同实而相并兼者，强弱之谓也；列，等比也。实，富也。或曰：同实，谓国土大小相等。有地而君，或强或弱者，乱治之谓也。苟有道里，地足容身，士民可致也；○严校："范本'里'作'理'。"师辙按，各本俱作"理"。苟有道理，犹俗言苟有办法。或曰：道里，犹言地方。苟容市井，财货可众也。各本"众"作"聚"。有土者不可以言贫，有民者不可以言弱。○严校："周氏《涉笔》引作'有地不忧贫，有民不忧弱'。"地诚任，不患无财；民诚用，不畏强暴。任，用也。德明教行，则能以民之有为己用矣。故明主者，各本俱作"明王"。用非其有，使非其民。

明王之所贵，惟爵其实，爵其实而荣显之。绵眇阁本、吴本无"爵其实而荣显之"七字。评校本、程本亦无，但空三字。○严校："秦本无'而荣显之'字。范本全作阙文，并不叠'爵其实'字。今依元本。"不荣则民不急列位，不显则民不事爵。爵易得也，则民不贵上爵。列爵禄赏不道其门，则民不以死争位矣。不道民以爵禄之途，则民不肯趋战斗，而争禄位矣。师辙按，自"明王之所贵"以下多误，《艺文类聚》五十一引作"明主之所贵唯爵。爵赏不荣，其民不急。列爵不显，则民不事。爵易得，则民不贵。禄赏不道，则民不以死争位也"。《御览》九百十八引与《类聚》略同，惟"主"作"王"，"爵赏"作"其赏"，"其民"作"则民"，"列爵"作"其列"，"得"下有"也"，无末二句。当据二书改正。**人君而有好恶，故民可治也。**陶校："人君，当作'人生'。"

人君不可以不审好恶。审，慎也。**好恶者，赏罚之本。夫人情好爵禄而恶刑罚，人君设二者以御民之志，而立所欲焉。夫民力尽而爵随之，**师辙按，各本"爵随"皆作"君随"。证以《御览》，知"君"乃"名"字之误。名，谓爵位也。秦四麟以意改"爵"，严校从之，而不注各本，非是。**功立而赏随之，人君能使其民信于此如明日月，则兵无敌矣。**《御览》二百七十一引作"夫民情好爵禄而畏刑罚，人君设此二者以御民。夫民力尽而名随之，功立而赏随之。君能使其民信此明于日月，则兵无敌也"，可互校各本。

人君有爵行而兵弱者，有禄行而国贫者，有法立而乱者。据下文，"乱"上当有"治"字。**此三者，国之患也。故人君者，先便请谒而后功力，则爵行而兵弱矣。**谒，请也。请谒，请求也。各本"功力"下有"之精"二字，严校删去，非也。盖"精"乃"赏"字之讹。陶校："'便'下当有'僻'字。《君臣》篇'或事便僻而请之'，是其证。"❶**民不死犯难，**陶校："'死'上当有'轻'字。"

---

❶ 陶鸿庆《读〈商君书〉札记》此句原文《君臣》篇下有"云"字。

《战法》篇:"难故轻死。"**而利禄可致也,则禄行而国贫矣。法无度数,而事日烦,则法立而治乱矣。**法无度数,谓权量度数不立,无画一之法,而事日烦。绵眇阁本、吴本、范本作"而事烦"。评校本、吴本作"而日烦"。程本、范本、四库本,"法立"上空一字。**是以明君之使其民也,使必尽力以规其功。**师辙按,规,各本皆作"觊",误。陶校:"规,盖'竞'之误。上文'为国而能使其民尽力以竞其功'可证❶。"**功立而富贵随之,无私德也,故教流成。如此,**王时润曰:"'流'当作'化'。"师辙按,"故教流成"句,"如此"句。《广雅·释诂》:"流,化也。""流"字不必改。严、王校俱非。又按,"流",绵眇阁本作"法",亦通。○严校:"按,此句当有阙误。"**则臣忠君明,治著而兵强矣。故凡明君之治也,任其力不任其德,**各本作"任其德不任其力",似与商君意不合,当从严校本。**是以不忧不劳,而功可立也。**

度数已立,而法可修,故人君者不可不慎己也。夫离朱见秋豪百步之外,而不能以明目易人;《庄子·天地》篇:"黄帝游乎赤水之北,登乎昆仑之山,南望而归,遗其元珠。使知索之不得,使离朱索之。"赵岐《孟子》注:"离朱,即离娄也,能视于百步之外,见秋豪之末。"孙诒让曰:"易,'赐'之借字。古钟鼎款识皆以'易'为'赐'。易人,犹言赐予人也。"师辙按,易,读如《易·系辞》"交易而退"之"易"。《说文》:"换,易也。"易人,犹言换与

---

❶ "可证",陶鸿庆《读〈商君书〉札记》作"是其证"。

人也。**乌获举千钧之重，而不能以多力易人。**皇甫谧《帝王世纪》云："秦武王好多力之士，乌获之徒并皆归焉。秦王于洛阳举周鼎，乌获两目血出。"《史记·秦本纪》："武王有力，好戏士。任鄙、乌获、孟说皆至大官。王与孟说举鼎，绝膑。八月，武王死，族孟说。"师辙按，商君死距武王薨三十年。**夫圣人之存体性，不可以易人，然而功可得者，法之谓也。**无圣人之才能，而可得圣人之功者，以有法度可遵守也。

战法第十

凡战法必本于政胜，则其民不争。不争则无以私意，以上为意。战法先以修内政为本，所谓战胜于庙堂之上。政修则民不争，不争则不以私意害公，而以君上之意为意。上下协和，故战必胜。《孙子·计篇》："道者令民与上同意也。"陶校谓"政胜"二字当重。**故王者之政，使民怯于邑斗，而勇于寇战。**《韩非子·八奸》："邑斗之勇无赦罪。"注："邑斗，谓勇者恃力，与邑人私斗。"《左·文七传》："凡兵作于内为乱，于外为寇。"寇战，谓与敌国战。○严校："范本'邑'作'私'。"师辙按，范本亦作"邑斗"。各本同，严校误。"王者"，各本作"王兵"，误。**民习以力攻难，难故轻死。**各本"力"作"立"，误。又，俱无下"难"字，疑严校本衍。

见敌如溃，溃而不止，则免。《尔雅》："溃，溃怒也。"《广雅》："免，隤也。"隤者，下也。见敌如怒而不止，则能攻下之。评校本读"见敌如溃"句，言见敌如溃散。溃散而不止，恐有伏，故纵之而不穷追。免，犹纵也。**故兵法："大战胜，逐北无过十里。小战胜，逐北无过五里。"**《说文》："逐，追也。"《史记·乐书》："北者，败也。"

兵起而程敌，《广雅》："程，量也。"**政不若者，勿与战；食不若者，勿与久。**勿与久相持。**敌众，勿为客。**《国语·越语》："弗为人客。"韦注："攻者为客。"敌众不可轻易争利，当以逸待劳，则为主而不为客。**敌尽不如，击之勿疑。故曰：兵大律在谨，**用兵大律在于谨慎，《荀子·议兵》"敬敌无旷"是也。**论敌察众，则胜负可先知也。**各本"则"在"众"上，是以"论敌察"为句。严校改，不注明非。

王者之兵，各本"兵"作"政"。**胜而不骄，败而不怨。**胜而不骄者，术明也；败而不怨者，知所失也。

若兵敌强弱，当作"若兵弱敌强"。陶校："'敌'字疑在'强弱'下。言兵强弱，彼此相敌，则视将之贤否，以决胜败也。"❶亦通。○严校："按，'弱'字误，或下有缺

---

❶ 陶鸿庆《读〈商君书〉札记》原文为："'敌'字疑当在'强弱'下。本作'兵强弱敌'。言兵之强弱，彼此相敌，则视将之贤否，以决胜败也。"

文。"**将贤则胜，将不如则败。若其政出庙算者，将贤亦胜，将不如亦胜。**《孙子》："未战而庙算胜者，得算多也。"杜牧曰："庙算者，计算于庙堂之上。"师辙按，古者国家大政谋于太庙，凡国功曰庙算、庙谟也。**政久持胜术者，必强至王。**《吕览·慎大》："唯有道之主能持胜。"又曰："善持胜者，以术强弱。"○严校："秦本'持'上有'政久'字。"师辙按，各本俱有"政久"二字，是，与下文"行是，久必王"相应。严校从元本删去，非。兹从各本补。**若民服而听上，则国富而兵胜。行是，必久王。**孙诒让曰："当作'行是，久必王'。今本误到，不可通。"

其过失，无敌深入，师辙按，《说文》："无，丰也。"先大父曰："今借为有'橆'字。"此文"无敌"，乃"无"字本训。无敌，谓敌众多也。**偕险绝塞，**孙诒让曰："偕险，义难通。'偕'当为'偝'，形近而误。'偝'与'背'通。"师辙按，孙说是。《广雅》："背，负也。"《周策》："秦敢绝塞而伐韩。"**民倦且饥渴，而复遇疾，此其道也。**师辙按，"此"当作"北"，形近而讹。北，败也，谓败北乃其道也。○严校："'其过失'以下，一切旧本并多舛误。今按文义，当作'兵之过失在深入敌，阻险绝塞，民倦且饥渴，而复遇疾，此败道也'。"**故将使民者乘良马者，不可不齐也。**师辙按，上"者"字乃"若"字之讹，当作"若乘良马者"。齐，谓整齐调和也。○严校："按，'使民者'下，当有缺文。"

立本第十一

立治国强兵之本也。

凡用兵，胜有三等：若兵未起则错法，错法而俗成，而用具。孙诒让曰："'俗成'二字当重，今本误脱。"师辙按，孙说是也。盖用兵制胜之道，其次序有三：兵未起，先修法度；法度修而民俗成；民俗成而器用具。然后可战。**此三者必行于境内，而后兵可出也。行三者有二势：一曰辅法而法行，二曰举必得而法立。**《韩非子·八说》："势者，胜众之资也。"《广雅》："辅，助也。"行三者有二利：一曰以法为辅而法行；二曰举事必当而法立。师辙按，各本皆作"辅法而法行"。严校本夺"行"字，今据补。**故恃其众者谓之葺，恃其备饰者谓之巧，恃誉目者谓之诈。**《说文》："葺，茨也。"以茅盖屋曰茨。言恃众者如以茅盖屋，虽多而不坚固也。备饰，谓守备美观而无实力也。誉目，谓徒有虚声也。**此三者，恃一，因其兵可禽也。**禽，获也。《韩策》："兵为秦禽。"**故曰：强者必刚斗其意，斗则力尽，力尽则备，是故无敌于海内。**刚，强也。言强者必有奋斗之志，有斗志则尽其力，能尽其力则有备，是故无敌于海内。评校本以"强者必刚"句，"斗其意"句，或有以"其意"属下读者。**治行则货积，货积则赏能重矣。赏壹**

则爵尊，爵尊则赏能利矣。治行则货积，《孟子》所谓"善政得民财"。赏出于壹，则爵不可幸得，故爵尊。爵尊则民以得赏为荣。故曰：**兵生于治而异俗，生于法而万转过势，本于心而饰于备势。三者有论，故强可立也。**俗，习也。兵强虽在于修政，而其用不同。虽在于行法，而万变其势。兵之用虽本于一心，而在于修守备与势力。三者能讨论其要，则强可立也。评校本以"兵生于治而异"句，"俗生于法而万转"句，"过势本于心而饰于备势"句。师辙按，若如此读，"过"字疑衍。**是以强者必治，治者必强；富者必治，治者必富；强者必富，富者必强。故曰：治强之道三，论其本也。**严校本"道"下无"三"字，今据各本补。

兵守第十二

言用兵守城之法。

四战之国贵守战，负海之国贵攻战。负，背也。四战之国如三晋，利于守战。负海之国如齐，利于攻战。**四战之国，好举兴兵以距四邻者，国危。**俞樾曰："'举'，衍字，盖即'兴'字之误而衍者。"四邻之国一兴事，而己四兴军，故曰国危。**四战之国，不能以万室之邑舍巨万之军者，其国危。**师辙按，舍，各本俱作"含"。含，藏也。严氏是否从元本，未注明。舍，止也。万家之邑，粮食、刍薪、材具蓄积，不能供巨万之车者，其国危。**故曰：四战之国，务在守战。**

守有城之邑，不知以死人之力与客生力战。其城拔，者死人之力也。客不尽夷城，客无从入，此谓以死人之力与客生力战。师辙按，不知，严校本作"不如"，误。今从各本改正。者，当作"若"。如《战法》篇"者乘良马"同一误字。韦昭曰："攻者为客。"《汉书·高帝纪》注："拔者，破城邑而取之。言若拔树木并得其本根也。"夷，伤也。夷城，谓破坏城。言守有城之邑，不知用民死力与敌生力战，其城必破。若能得死力，则敌不尽破坏城，无从得入，此谓以民死力与敌生力战。**城尽夷，客若有从入，则客必罢，中人必佚矣。**罢，劳也。敌罢劳，城中人安佚，兵法所谓以佚待劳。**以佚力与罢力战，此谓以生人力与客死力战。皆曰："围城之患，患无不尽死而邑。"**皆言围城之患，患于一邑尽死。师辙按，评校本"邑"作"亡"，或言"无"借为"抚"，谓患抚循人民不尽力死守而城亡。**此三者，非患不足，将之过也。**三者谓万乘之邑，舍巨万之军，以死力与生力战，以佚力与罢力战。言将不知用此三者，故为将才不足之过。

守城之道，盛力也。《广雅》："盛，多也。"守城之道，增多守御之力。**故曰客，治簿檄，三军之多，分以客之候车之数。**簿，军籍。檄，军书。候车，斥候之车。师辙按，"曰"当为"有"字之误。言故有敌来，则治军籍文书，分三军之众以御敌。观敌之兵车分几路来攻，亦分几路御之也。**三军：壮男为一军，壮女为一军，男女之老弱者为一**

军，此之谓三军也。**壮男之军，使盛食厉兵，陈而待敌。**《穀梁传》范注："在器曰盛。"盛食谓饱餐。《秦策》："缀甲厉兵。"注："厉，利也。"厉，各本皆作"励"。则言激励其兵也。**壮女之军，使盛食负垒，陈而待令，**负，背也。垒，军垒也。**客至而作土以为险阻及耕格阱，**孙诒让曰："耕格，当作'柞格'。《周礼·雍氏》'令为阱获'，郑注云：'阱，穿地为堑，所以御禽兽，其或超逾则陷焉。获，柞鄂也。'《国语·鲁语》'鸟兽成，设阱鄂'，韦注云：'阱，柞格也。'柞、耕形近而误。'阱'字上下疑有脱字。"○严校："按，'及耕格阱'不成文。疑'耕'字误，或有逸脱。"师辙按，阱，绵眇阁本作"草"，亦误。**发梁撤屋，给从从之，不洽而燎之，使客无得以助攻备。**孙诒让曰："严可均校，改'撤'为'彻'，是，当据正。"又，改"'给从从之'为'给从徙之'。俞云：当云'给从而□之，不给从而燎之'"。师辙按，此当作"给徙徙之，不给而燎之"。谓所发彻之材，可徙入城邑则徙之，急卒不及徙则焚之。《墨子·号令》篇云："外空室尽发之，木尽伐之。诸可以攻城者，尽内城中。材木不能尽内，即烧之，无令客得用之。"此云"徙"，即墨子所谓内城中也。严、俞校，并失之。❶《说文》有"彻"无"撤"。《广雅》："彻，坏也。"给、洽古通。**老弱之军，使牧牛马羊彘，草水之可食者收而食之，**水，各本皆作"木"，是，当从之。彘，豕也。**以获其壮男女之食。而慎使三军无相过。**彘，豕也。

---

❶ "师辙按"后的一段文字，出自孙诒让《札迻》。

获，得也。无相过，言不许往来也。**壮男过壮女之军，则男贵女，而奸民有从谋，而国亡。喜与，其恐有蚤闻，勇民不战。**壮男过壮女之军，则男贵女，而奸民有所相谋，而国亡。盖男女相狎，欢娱忧惧之心生，则壮气衰，故勇民怯于战也。**壮男壮女过老弱之军，则老使壮悲，弱使强怜。悲怜在心，则使勇民更虑，而怯民不战。故曰：慎使三军无相过。此盛力之道。**

靳令第十三

严校："靳，秦本作'饬'。"师辙按，饬，谨也。靳，假借为"饬"。靳、谨一声之转。各本皆作"靳令"。此篇之文多与《去强》《说民》二篇相同。《韩非子·饬令》篇全钞此篇，不同者十之一二而已。

靳令则治不留，法平则吏无奸。不留，不稽留也。**法已定矣，不以善言害法。**法定只论功过，不以情有可原，而末减以害法。**任功则民少言，任善则民多言。行治曲断，**治，《韩非子》作"法"。顾广圻校："曲，当作'由'。"俞樾亦谓"曲"疑"由"字之误。**以五里断者王，以十里断者强，宿治者削。以刑治，以赏战，求过不求善。故法立而不革，**革，改也。**则显民变诛计，变诛止。贵齐殊使，百都之尊爵，厚禄以自伐。**师辙按，诛计，当为"奸计"之讹。百都，当作"百官"。自伐，《韩非子》作"周术"。周，一本作"用"。贵齐，严校本作"责商"，今仍从各本作"贵齐"。言法立不改，则贵显之民变其奸计，不敢犯法。奸计止，则贵族与齐民皆易使。故百官尊爵，人主乃能厚禄以行其驭下之术。《左·庄廿八传》："且旌君伐。"杜注："伐，功也。"言人君以厚禄驭下，乃能自立其功。韩非言"周术"，与商君言"自伐"，其义一也。○严校："按，'则显'以下，一切旧本舛误相仍，今无从是正。范本'商'作'齐'，'使'作'便'，亦不成文。"辙按，各本与范本同。**国无奸民，则都无奸市。物多末众，农弛奸胜，则国必削。**物多末众，谓器物多而淫巧众。弛，缓也。弛，各本作"弘"，误。奸市，严校本作"奸示"。兹从各本。《韩非子》亦作"奸市"。或曰，《楚词·怀沙》"穷不得所示"，王逸注："示，语也。"义亦通。**民有余粮，使民以粟出官爵，官爵必以其力，则农不怠。**《说文》："出，进也。"使民以粟之多寡进官爵，是官爵必以力农得之，故农不怠惰。**四寸之管无当，必不满也。**《淮南子·说林》："三寸之管而无当。"高诱注："当，犹底也。"**授官、予爵、出禄不以功，是无当也。**四寸小管无底，贮物犹不能满。况国家有限之官位爵禄，而以与无功之人，是犹贮无当之管也。各本"出"下有"则"字。

　　国贫而务战，毒生于敌，无六虱，必强。国富而不战，偷生于内，有六虱，必弱。毒生于敌，谓毒中于敌也。六虱，岁、食、美、好、志、行也，见《去强》篇。偷，犹苟且也。**国以功授官予爵，此谓以盛知谋，以盛勇战。以盛**

知谋，以盛勇战，其国必无敌。《尚书大传》："周公盛养成王。"注："盛，犹长也。"**国以功授官予爵，则治省言寡，此谓以法去法，以言去言。**以法去法，《韩非子》作"以治去治"，误。以法去法，谓法立而刑罚省。以言去言，谓实行则虚言息。**国以六虱授官予爵，则治烦言生，**烦，乱也。**此谓以治致治，以言致言。**依上文，当作"以法致法"。**则君务于说言，**务，借为"瞀"，眩惑之意。**官乱于治邪，邪臣有得志，有功者日退，此谓失。**师辙按，"失"下当夺一"法"字，承上文"法定"而言。○严校："此句疑有缺文。"**守十者乱，守壹者治。法已定矣，而好用六虱者亡。民泽毕农，则国富。**《尔雅》："毕，尽也。"泽，借为"择"，柬选也。民择业尽在于农，则国富。○严校："按，'民泽'字，疑有误。"**六虱不用，则兵民毕竞劝，而乐为主用，其竟内之民争以为荣，莫以为辱。其次，为赏劝罚沮。其下，民恶之、忧之、羞之。**沮，止也。治国其次为赏以劝其功，为罚以禁其淫，使民恶辱而求荣，忧贫而力耕，羞耻而勇战。**修容而以言，耻食以上交，以避农战。外交以备，国之危也。**师辙按，耻食，当为"耻贫"之讹。上，当作"外"。谓耻贫穷以事外交，以避农战，故下文云"外交以备"，可证。《农战》篇云"皆以避农战，具备，国之危也"，其文义与此略同。严校非。○严校："按，'备'字误。或有阙文。"**有饥寒死亡，不为利禄之故战，此亡国之俗也。**民有饥寒死亡，不肯战斗以取利禄，是曰惰民。此亡国之俗也。

　　六虱：曰礼、乐，曰《诗》《书》，曰修善，曰

孝弟，曰诚信，曰贞廉，曰仁义，曰非兵，曰羞战。国有十二者，上无使农战，必贫至削。师辙按，《去强》篇云："生虱官者六：曰岁，曰食，曰美，曰好，曰志，曰行。"又云："国有礼、有乐、有《诗》、有《书》、有善、有修、有孝、有弟、有廉、有辩。国有十者，上无使战，必削至亡。"与此不同。此篇当有误。俞氏樾谓"六虱"二字衍。以礼、乐、《诗》、《书》、孝、弟为六事，合修善、诚信、贞廉、仁义、非兵、羞战，为十二者之数，亦未免武断。十二者成群，此谓君之治不胜其臣，官之治不胜其民，此谓六虱胜其政也。十二者成朴，必削。是故兴国不用十二者，故其国多力，而天下莫能犯也。"莫"下，绵眇阁本多"之"字。吴本、程本、评校本、范本多"不"字。兵出必取，取必能有之。按兵而不攻，必富。朝廷之吏，少者不毁也，多者不损也。吏，《韩非子》作"事"，是。吏、事二字，篆文形似而讹。事，职也。毁，缺也。损，减也。效功而取官爵，虽有辩言，各本及《韩非子》"虽"上俱有"廷"字，不当删。〇严校："秦本、范本'虽'上有'廷'字，疑当作'朝廷'，阙'朝'字。今依元本删去。"不能以相先也。各本及《韩非子》，"能"俱作"得"。〇严校："范本'能'作'得'。"此谓以数治。以力攻者，出一取十；以言攻者，出十亡百。国好力，此谓以难攻。国好言，此谓以易攻。

重刑少赏，上爱民，民死赏；重赏轻刑，上不爱民，民不死赏。俞樾曰："死赏，皆当作'死上'，声之误也。《去强》篇曰：'重罚轻赏，则上爱民，民死上。重赏轻罚，则上不爱民，民不死上。'可证此文之误。"师辙按，《韩非子》亦作"死赏"，不得谓此文有误。**利出一空者，其国无敌；利出二空者，国半利；利出十空者，其国不守。**空，孔也。利利，各本作"利用"。"国半利用"为句。评校本以"国半"为句，非是。严校改"用"字为"利"，以上"利"字属上句读，亦非。**重刑，明大制。不明者，六虱也。**《越语》："君行制。"韦注："制，法也。"言重刑所以明大法，用重刑而大法不明者，六虱为之害也。**六虱成群，则民不用。**不为主用。**是故兴国罚行则民亲，赏行则民利。**各本"民亲"作"民视"，"民利"作"上利"。〇严校："范本作'上利'。"**行罚，重其轻者，轻其重者，**师辙按，《韩非子》无"轻其重者"句，当据删。〇严校："按，'轻其重者'句，当在下'罪重刑轻'上。以旧本相承，不敢擅乙。"**轻者不至，重者不来。此谓以刑去刑，刑去事成。罪重刑轻，刑至事生。此谓以刑致刑，其国必削。**

圣君知物之要，故其治民有至要。故执赏罚以壹辅仁者，心之续也。《淮南子·修务》："教顺施续。"注："续，犹传也。"执赏罚以辅行仁政，此圣人治国之心传也。**圣人之治人也，必得其心，故能用力。力生强，强生威，威生惠，惠生德，德生于力。圣君独有之，故能述仁义于天下。**述，陈也。各本俱作"威生德，德生力。王君独有之，能述仁义于天下"。

修权第十四

修，治也。人君修其权柄，则国治矣。师辙按，《群书治要》此篇前引有《商君子·六法》篇一百五十六字（原文见附录卷二）。此唐本《商君书》犹见二十九篇全文，至五代之乱始佚也。因《隋志》未书其亡篇，严可均谓"六法"当作"立法"。以佚文度之，近是。

国之所以治者三：各本无"以"字。**一曰法，二曰信，三曰权。**《文选·五等论》注引《国语》贾注："权，秉也。"**法者，君臣之所共操也。**麦孟华曰："操，犹守也。"**信者，君臣之所共立也。权者，君之所独制也。**《晋语》："二三子之制也。"韦注："制，专主也。"**人主失守则危，君臣释法任私必乱。**失守，谓失其权柄。释，犹去也。任，用也。《群书治要》"必"作"则"。**故立法明分，而不以私害法，则治。权制断于君则威。民信其赏则事功成，信其刑则奸无端。**《墨子·经》："端，体之序而最前者也❶。"奸无端，谓奸无端而生。《群书治要》作"民信其赏则事功，不信其刑则奸无端矣"。各本同《治要》，惟

---

❶ "端体之序而最前者也"，《墨子·经》原作"端体之无序而最前者也"。

"端"下无"矣"字。**惟明主爱权重信，而不以私害法。故上多惠言而不克其赏，则下不用。**严校本作"故多惠言而克其赏"。俞樾曰："乃口惠而实不至之意。"师辙按，各本"故"下有"不"字，而"克"上夺"不"字，严校不知"不"字乃"上"字之讹，妄行删去，俞氏亦未能纠其误，兹据《群书治要》卷三十六引作"故上多惠言而不克其赏"订正。《广雅》："惠，赐也。"《尔雅》："克，能也。"言上多赐与之言，而不能行其赏，则下不用命。○严校："旧本多作'不多'，于文义悖，今删去。**数加严令而不致其刑，则民傲死。**师辙按，范本、绵眇阁本、严校本作"数如"，误。吴本、程本、评校本、四库本作"数加"，《治要》亦作"数加"，不误。死，《治要》作"罪"。数加严令而不能必用其刑，则民倨傲而不畏罪。○严校："按，'如'字疑当作'加'。'如''加'形近致讹。"**凡赏者文也，刑者武也。**赏者如以文德怀人，刑者如以武力威人。**文武者，法之约也。故明主任法。**约，缠束也。任法，各本俱作"慎法"。《治要》同。○严校："范本'任'作'慎'，义同❶。"**明主不蔽之谓明，不欺之谓察，**《群书治要》无"明主"二字。明主不为人所蔽欺，故能明察。**故赏厚而利，刑重而威必，**利，《群书治要》作"信"。绵眇阁本、评校本、吴本、崇文本及《治要》俱无"威"字，是。程本、范本、四库本作阙文。《韩非子·定法》篇："赏厚而信，刑重而必。"正用此文。**不失疏远，不违亲近，**违，《治要》

---

❶ "义同"，严万里校本原作"义长"。

110

作"私"。**故臣不蔽主，而下不欺上。**

世之为治者，多释法而任私议，此国之所以乱也。先王县权衡，立尺寸，而至今法之，其分明也。《说文》："县，系也。"先大父云："俗字作'悬'。"先王县权衡以钧轻重，立尺寸以度长短，后世法之，以其分明而不可废也。**夫释权衡而断轻重，废尺寸而意长短，虽察，商贾不用，为其不必也。**察，明也。虽能察明轻重长短，然而商贾不用者，为其不能必无错误也。《群书治要》"为其不必也"下多"故法者国之权衡也"一句。**夫倍法度而任私议，皆不类者也。**《群书治要》"类"上多"知"字。《周髀算经》："倍正南方。"注："倍，犹背也。"《方言》："类，法也。"**不以法论知、能、贤、不肖者，惟尧，而世不尽为尧。**盖法者论功而爵禄。尧举舜于畎亩之中，未试以事，而授之高位，是不以法论知、能、贤、不肖。有尧之圣，始能用舜，而世不尽如尧之圣。**是故先王知自议誉私之不可任也，**《说文》："誉，称也。"自议，谓不依法议。誉私，谓称其私人。《管子·法法》篇："明君在上位，民毋敢立私议自贵者。"**故立法明分，中程者赏之，毁公者诛之。**《治要》无二"之"字。《汉书·张苍传》注："程，法式也。"**赏诛之法，不失其议，故民不争。授官予爵，**各本无此四字，《治要》亦无，多"不以爵禄便近亲，则劳臣不怨；不以刑罚隐疏远，则下亲上。故官贤选能"二十八字。**不以其劳，则忠臣不进。行赏赋禄，不称其功，则战士不用。**《晋语》："赋职任功。"韦昭注："赋，授也。"严校谓"赋"字误，非。《荀子·礼论》："贫富轻重，皆有称者也。"杨倞注："称谓各当其宜。"○严校："按，'赋'字误。以形求之，或当作'赐'。范本作'贱'，尤误。"辙按，各本亦误作"贱"。《治要》作"赋"，是。

凡人臣之事君也，多以主所好事君。君好法，则臣以法事君；君好言，则臣以言事君。君好法，则端直之士在前；君好言，则毁誉之臣在侧。公私之分明，则小人不疾贤，而不肖者不妒功。疾，恶也。故尧、舜之位天下也，非私天下之利也，为天下位天下也，《易·系辞》："圣人之大宝曰位。"位天下，君天下之位也。论贤举能而传焉，非疏父子亲越人也，明于治乱之道也。故三王以义亲，五霸以法正诸侯，皆非私天下之利也，为天下治天下。陶校："'义亲'下，当有'天下'二字。"三王以仁义亲天下，五霸以法令正诸侯。○严校："旧本'为天下'上有'议'字，当属衍文，故删去。"师辙按，绵眇阁本、吴本、程本、冯本、范本皆有"议"字。"议"乃"诚"之讹。诚，信也。严校删去，非。是故擅其名而有其功，天下乐其政，而莫之能伤也。今乱世之君臣，区区然皆擅一国之利，而管一官之重，以便其私，此国之所以危也。擅，专也。《广雅》："区区，小也。"《群书治要》皆下有"欲"字，"管"作"搜"。日本细井德民等校《群书治要》云："本书'搜'作'当'。"辙按，各本皆作"当"，"搜"乃"筦"字之讹。筦、管通。《汉书·刘向传》："筦朝政。"《通训》云："筦，犹主领也。"故公私之交，存亡之本也。○严校："秦本、范本，'交'作'败'，误。"师辙按，各本俱作"败"，独绵眇阁本作"故"。"败"乃"效"

之讹。效，篆文作"㪲"，与"䞉"形近。《方言》："效，明也。"效，亦假为"校"。

夫废法度而好私议，则奸臣鬻权以约禄。秩官之吏，隐下而渔民。鬻，卖也。《左传》："鲋也鬻狱。"约，要求也。奸臣鬻权以求贿，秩官之吏隐蔽于下，以欺渔百姓。**谚曰："蠹众而木折，隙大而墙坏。"**谚，俗语也。蠹，木中虫。隙，壁际孔也。《意林》《艺文类聚》俱引此二句，两"而"字俱作"则"。《治要》作"而"。**故大臣争于私而不顾其民**，于，犹其也。**则下离上。下离上者，国之隙也。秩官之吏隐下以渔百姓，此民之蠹也。故有隙蠹而不亡者，天下鲜矣。**《群书治要》"故"下有"国"字。**是故明王任法去私，而国无隙蠹矣。**《治要》作"故明主任法去私"。

卷四

徕民第十五

徕，至也。论招徕三晋之民之术。绵眇阁本、程本、吴本、冯本、钱本、评校本、范本、合雅本俱作"来民"。师辙按，《说文》有"来"无"徕"，作"来"是。马骕《绎史》谓篇内多言鞅以后事，非《商子》本书也。

地方百里者，山陵处什一，薮泽处什一，溪谷、流水处什一，都邑、蹊道处什一，恶田处什二，良田处什四。 处，居也。○严校："秦本作'什一'。"师辙按，各本作"恶田处什一"，误。**以此食作夫五万，其山陵、薮泽、溪谷可以给其材，都邑、蹊道足以处其民，先王制土分民之律也。** 以百里之地，养作夫五万，足以给其材而安其居。此先王制土分民之定律也。以此，绵眇阁本无"以"字。吴本、程本、评校本、钱本、范本俱作"囗"，合雅本作"而民"，皆误。薮泽溪谷，各本皆作"溪谷薮泽"。

今秦地方千里者五，而谷土不能处二，田数不满百万，其薮泽、溪谷、名山、大川之材物货宝，又不尽为用，此人不称土也。 秦地方五千里，谷土不能居什分之二，田数不满百万，其薮泽、溪谷、名山、大川材物货宝，又不能尽其用，是人寡不能尽土地之力也。溪谷，各本作"蹊谷"，误。**秦之所与邻者三晋，所欲用兵者韩、魏也。**

韩、魏、赵三家分晋，故称三晋。**彼土狭而民众，其宅参居而并处，**《尔雅》："宅，居也。"《方言》："参，分也。"《汉书·艺文志》注："并，合也。"**其寡萌贾息，**孙诒让曰："寡萌贾息，义难通。疑当作'宾萌贷息'。宾、寡及贷、贾，并形近而误。宾萌，即客民，对下民为土著之民也。《吕氏春秋·高义》篇：《墨子》曰'翟度身而衣，量腹而食，比于宾萌'，高注曰：'宾，客也。萌，民也。'贷息，谓以泉谷贷与贫民而取其息。此言韩、魏国贫，其有余资而贷息者，皆外来之客民。其土著之民则皆上无通名，下无田宅，而恃奸务末作以处，明客民富而土著贫也。"师辙按，《左传》："寡我襄公。"注："寡，弱也。"《吕览》高诱注："萌，民也。"谓小民无地可耕，多从事商贾，以求利息。孙、严校，俱非。○严校："按，此句有脱误。叶校连下'民'字读，亦无谊。"**民上无通名，下无田宅，而恃奸务末作以处，**《礼记·儒行》："上通而不困。"郑注谓仕道达于君也。奸务末作，谓非正当业务。处，犹安也。言民上不能通名于朝，下无田宅可以耕居，而恃奸务末作以安其生。**人之复阴阳泽水者过半。**师辙按，"阴阳"乃"险阻"之讹。复，借为"覆"，地室也。《诗·绵》："陶复陶穴。"《淮南子·汜论》："古者民泽处复穴。"皆借为"覆"。言韩、魏民贫，穴居泽处者众。今河南汜水县沿铁路，尚多穴居之民，山西亦众，古风犹在。○严校："按，复阴阳，疑亦有误。"**此其土之不足以生其民也，似有过秦民之不足以实其土也。**韩、魏地狭民众，地不足以养其民，过于秦地广民稀，民不足以实其土。○严校："范本'似'作'以'。"辙按，各本俱作"以"。以，假作"似"。《易·明夷》："文王以之。"荀谞、向秀本作"似"。**意民之情，**以意度民之情。**其所欲者田宅也，而晋之无有也，信秦之有余也。必如此，而民不西者，秦士戚而民苦也。**秦在三晋之西，不西，不来秦也。戚，忧也。俞樾读"信"字、"必"字绝句。**臣窃以王吏之明为过见。**窃，各本俱作"切"。下文同。《汉书·霍光传》注："切，深也。"不必改作"窃"。**此其所以弱不夺三晋民者，爱爵而重复也。**过见，谓所见之误。夺，取也。《汉书·高帝纪》："复勿租税二岁。"注："复者，除其赋役也。"合雅注："复者，复除其战卒之役，三世不使为兵，而专事农亩也。"**其说曰："三晋之所以弱者，其民务乐而复爵轻也。秦之所以强者，其民务苦而复爵重也。**○严校："旧本秦上有'今'字，据文义删。"**今多爵而久复，是释秦之所以强，而为三晋之所以弱也。"**释，犹去也。**此王吏重爵爱复之说也，**陶校："重爵爱复，当作'爱爵重复'。两见上下文。"**而臣窃以为不然。夫所以为苦民而强兵者，将以攻敌而成所欲也。兵法曰：**○严校："范本'法'作'称'。"辙按，各本俱作"称"，误。**"敌弱而兵强。"**此言不失吾所以攻，而敌失其所守也。**今三晋不胜秦四世矣。自魏襄以来，野战不胜，守城必拔，小大之战，三晋之亡于秦者，不可胜数也。若此而不服，秦能取其地，而不能夺其民也。**各本"魏襄"下俱有"王"字。师辙按，《史记》魏襄王与秦惠文君同时，为商君后事，此篇疑法家所附益。下文华军、长平之胜，亦商君后事，可证。或"襄"为"惠"字之讹。

今王发明惠，诸侯之士来归义者，今使复之三世，无知军事。秦四竟之内，陵阪丘隰，不起十年征。者于律也，足以造作夫百万。《尔雅》："大阜曰陵，陂者曰阪。"《说文》："丘，土之高也，非人之所为也。"隰、阪，下湿也。者于律，当作"著于律"。王能明发恩惠，令诸侯之民归义于秦者，复之三世，除其军役，四境之内，陵阪丘隰之地十年不起征，著为定律，则足以造作夫百万。盖秦地广人稀，用此术以招致诸侯之民也。征者，各本作"往者"，误。曩者臣言曰："意民之情，其所欲者田宅也，晋之无有也，信秦之有余也。必若此而民不西者，秦土戚而民苦也。"今利其田宅，而复之三世，此必与其所欲，而不使行其所恶也。然则山东之民无不西者矣。山东之民，谓韩、魏诸国之民。秦居华山之西，故以韩、魏诸国为山东。且直言之谓也，且此直言徕民之策，必可行也。故下文言徕民之利。不然。夫实圹什虚，出天宝，天宝，天产之宝也。《礼记》："地不爱其宝。"孙诒让曰："此文旧本固多舛互，然严校亦不确。实圹什虚，当作'实圹虚'。《吕氏春秋·贵卒》篇云：'于是令贵人往实广虚之地。'此'实圹虚'，与《吕览》'实广虚'义同。严专辄改窜，不可据。"师辙按，严校改为"且非虚言之谓也，不然。夫实圹土，出天宝"，孙氏已辨其非。今仍据绵眇阁本、程本、吴本、钱本、范本、四库本改正。"什"字，孙氏以为衍文。评校本作"仕"，亦误。或谓"什"乃"作"字之讹。作虚，谓开荒也。○严校："一切旧本并作'且直言之谓也，不然。夫实圹什虚，出天宝'，今按文谊，移'虚'于'言'上，增'非'

字，改'旷土'字。"**而百万事本，其所益多也，**增百万之民务农，其获益实多也。**岂徒不失其所以攻乎？**

夫秦之所患者，兴兵而伐，则国家贫；安居而农，则敌得休息。○严校："范本少'得休'字。"辙按，各本作"则敌息"。**此王所不能两成也。故三世战胜，而天下不能令。**师辙按，诸子汇函本、合雅本作"四世战胜"，与上文合，当从之。不能令，严校本改"能"为"服"，改"令"为"今"，以"今"字属下读，非也。而天下不能令，谓不能命令天下。此文甚顺，何必武断妄改。或严氏所见本，"令"作"今"，然范本亦作"令"，故仍从各本改正。○严校："旧本'服'作'能'，今依文谊改。"**以故秦事敌，而使新民作本，**故，旧也。合雅本注云："新民，三晋之民来归者也。作本，专务农业也。"**兵虽百宿于外，竟内不失须臾之时，此富强两成之效也。**宿，舍也。《左传·昭公❶三年》："凡师一宿为舍。"须臾，斯须也。**臣之所谓兵者，非谓悉兴尽起也，论竟内所能给军卒车骑，令故秦兵，新民给刍食。**令故秦兵，合雅本作"令故秦民事兵"。刍，刈草也。令旧秦民为兵，新民供刍草粮食。**天下有不服之国，则王以春围其农，夏食其食，秋取其刈，冬陈其宝。以大武摇其本，以广文安其嗣。**《管子·地形❷》篇："其功逆天者，天围之。"宋本作"围"，明赵用贤本作"违"。王念孙谓围、违假借字。刈，割也。陈，列也。春农作则违其农，

---

❶ "昭公"，据引文内容应作"庄公"为是。
❷ "地形"，据引文内容应作"形势"为是。

夏麦熟则食其食，秋则刈取其禾稼，冬则发其宝藏。以武力摇其国本，以文德绥其嗣君。俞樾谓"围"当作"违"，"宝"当作"葆"，皆同声假借字。陈，当作"冻"，形近而误也。此数语见《周书·大武》篇。其文曰："四时：一春违其农，二夏食其谷，三秋取其刈，四冬冻其葆。"孔晁注曰："冻谓发露其葆聚。"商君所说，即本《周书·大武》之文。故曰："以大武摇其本也。"又曰："以广文安其嗣。"今《周书》无《广文》篇，而《文传》篇曰："文王受命之九年，时维暮春，在鄗召太子发曰：'呜呼！我身老矣，吾语汝。我所保与我所守，传之子孙。'"然则，所谓"以广文安其嗣者"，岂即此篇乎？师辙按，商君之意虽本于《逸周书》，然不必全钞其文。俞说拘滞。又按，《逸周书·允文解第七》《大武解第八》，孙诒让《周书斠补》，谓"允"当作"光"。光、广声近，其说较俞氏为确。**王行此，十年之内，诸侯将无异民，而王何为爱爵而重复乎。**诸侯将无异民，言其皆将归秦也。爱爵，各本作"受爵"，误。

周军之胜，华军之胜，秦斩首而东之。东之无益亦明矣，周军之胜，不见于《国策》《史记》。华军之胜，当为华下之战。《史记》秦昭襄王三十三年，客卿胡伤攻魏蔡阳、长杜，取之，击芒卯华阳。破之，斩首十五万。魏入南阳以和。《秦策》张仪谓"天下有比志，而军华下"是也。实商君后事。东之，东向也。**而吏犹以为大功，为其损敌也。今以草茅之地，**未垦之地。**徕三晋之民，而使之事本，此其损敌也，与战胜同实。而秦得之以为粟，此反行两登之计也。**《小尔雅》："为，治也。"言秦招徕客民垦田，可增粮食。孙诒让曰："两登，犹言两得也。《公羊·隐五年传》云：'登来之也。'何休注云：'登，读言得。齐人名求得为得来。作登来者，其言大而急，由口授也。'此以登为得，与《公羊》正同。"师辙按，《尔雅》："登，成也。"与上文"此富强两成之效也"，其义相同，孙说非。陶校，"反行"当作"居行"，"居"谓新民，"行"谓故民。师辙按，可不必改。**且周军之胜，华军之胜，长平之胜，**《史记》秦昭襄王四十七年，武安君白起大破赵于长平，四十余万尽杀之，亦商君后事。汪中《旧学蓄疑》云："长平之战距商君之死凡七十八年，此系后人篡入。"**秦所亡民者几何？民客之兵，不得事本者几何？臣窃以为不可数矣。**民客之兵，"民"谓故秦民，"客"谓招徕新民，言新旧之民为兵者，不能耕种。**假使王之群臣，有能用之，费此之半，**俞樾曰："上'之'字衍文，'费此'二字误倒，当云'有能用此费之半'。"师辙按，"有能用之"句，俞说非。**弱晋强秦，若三战之胜者，王必加大赏焉。今臣之所言，民无一日之繇，**《尔雅》："繇，忧也。"或谓民无一日之繇役。《礼记·杂记》："给繇役。"**官无数钱之费，其弱晋强秦，**《御览》卷八百三十六引"强秦"上多"而"字。**有过三战之胜。而王犹以为不可，则臣愚不能知已。**师辙按，评校本作"则臣愚窃不能解已"，合雅本"解"作"知"，绵眇阁本、吴本、程本、范本、钱本作"则臣愚窃不能已"。

　　齐人有东郭敞者，犹多愿，愿有万金。其徒请赒焉，不与，东郭敞，齐东郭牙之后。犹多愿，谓更多愿望。赒，谓给不足也。**曰："吾将以求封也。"其徒怒而去之宋。**

曰："此无益于爱也，故不如与之之利也。"求封，谓求爵赏。爵赏不可必得，而徒已去，是无益于爱，故不如先与之有利也。师辙按，末二句据绵眇阁本改正。合雅本同，惟"之利"二字作"有得"。吴本、冯本、程本、范本作"此无于爱也"。故不如与之有也，但程、范二本"不如"下尚空二字。严校本作"此爱于无也"。故不如与之有也，上句系臆改。陶校言当云："故曰此爱于无以失其有也，不如与之。"今皆不从。今晋有民，各本"民"作"晋"，误。而秦爱其复，此爱非其有，以失其有也。岂异东郭敞之爱非其有，以亡其徒乎？且古有尧、舜，当时而见称。中世有汤、武，在位而民服。此三王者，"三"当作"四"。万世之所称也，以为圣王也，然其道犹不能取用于后。今复之三世，而三晋之民可尽也，是非王贤立今时，复三世之策，非王贤力行于今时，后世决难用也。王贤，冯本作"贤王"。立，各本皆作"力"，是。○严校："按，此句当有脱误。范本'立'作'力'，亦非。"而使后世为王用乎？然则非圣别说，而听圣人难也。《礼记·乡饮酒义》："贵贱之义别矣。"郑注："别，犹明也。"明陈仁锡《诸子奇赏》、归有光《诸子汇函》、王志远《诸子合雅》，俱作"然则非圣人之难，用圣人难也"，不知所据何本，疑臆改。

刑约第十六

篇亡。

赏刑第十七

治国之要，在赏与刑。刑赏壹，则国治矣。

圣人之为国也，壹赏，壹刑，壹教。壹赏则兵无敌，壹刑则令行，壹教则下听上。夫明赏不费，明刑不戮，明教不变，赏得其要，则不费财。民知畏刑，则不必戮。教有定章，则不变更。而民知于民务，国无异俗。《荀子·非十二子篇》："劳民而不当于民务❶。"异俗，各本作"异国"，误。明赏之犹至于无赏也，明刑之犹至于无刑也，明教之犹至于无教也。

所谓壹赏者，利禄官爵抟出于兵，抟，专一也。无有异施也。夫固知愚、贵贱、勇怯、贤不肖，固，借为

---

❶ "劳民而不当于民务"，《荀子》原作"劳力而不当民务。"

"故"。《论语》："固天纵之将圣。"**皆尽其胸臆之知，竭其股肱之力，出死而为上用也。天下豪杰贤良，从之如流水。是故兵无敌而令行于天下。万乘之国不敢苏其兵中原，千乘之国不敢捍城。**《荀子·议兵》："苏刃者死。"杨倞注："苏，读为'傃'。傃，向也。"《庄子·大宗师》释文引《说文》："捍，抵也，卫也。"**万乘之国，若有苏其兵中原者，战将覆其军；千乘之国，若有捍城者，攻将凌其城。**凌，越也。**战必覆人之军，攻必凌人之城，尽城而有之，尽宾而致之，虽厚庆赏，何匮之有矣。**严校本"致"下无"之"字，此据绵眇阁本、吴本、评校本、程本、钱本、范本、四库本补。《楚语》："其不宾也久矣。"韦注："宾，服也。"《孟子》："则有庆。"赵岐注："庆，赏也。"《礼记·月令》："则财不匮。"郑注："匮，乏也。"**昔汤封于赞茅，**《左传》："与之阳樊、温、原、欑茅之田。"《晋语》作"攒茅"，即"赞茅"，皆同声假借字。今河南修武县北有大陆村，云即赞茅地。**文王封于岐周，方百里。**《北堂书钞》引《商君书》作"殷汤封于赞茅，文王于岐山，地方百里"。《易》："王用享于岐山。"岐山，即今陕西岐山县。《释名·释州国》："周地在岐山之南，其山四周也。"**汤与桀战于鸣条之野，**《楚辞·天问》："何条放致罚。"王逸注："鸣条也。"师辙按，在今山西安邑县北。**武王与纣战于牧野之中，大破九军，卒裂土封诸侯，**《书·牧誓》郑注："牧野，纣南郊地名。"师辙按，《说文》作"坶野"。先大父《尚书古注便读》："郊外谓之野。坶野，商之远郊，在朝歌南七十里，今河南卫辉府汲县、淇县之间。"《周礼·小司徒》:"五旅为师,五师为军。"《夏官·序官》:"万五千人为军❶。王六军,大国三军,次国二军,小国一军。"《庄子·德充符》:"勇士一人,雄入于九军。"崔李云:"天子六军,诸侯三军,通为九军。"辙按,大破九军,谓破纣与诸侯之兵也。裂,分也。卒裂土封诸侯,各本俱作"弈列为诸侯"。弈,评校本作"奕",是。奕,大也,谓大封列为诸侯。严校系从秦四麟本妄改。**士卒坐陈者,里有书社。车休息不乘,从马华山之阳,从牛于农泽,从之老而不收。此汤、武之赏也。**坐陈,谓临陈。《管子·版法》:"武王伐纣,士卒往者,人有书社。"《左·哀十五传》:"齐与卫书社五百。"杜预注:"二十五家为一社,籍书而致之。"从,各本俱作"纵",放也。伪书《武成》:"归马于华山之阳,放牛于桃林之野。"《尔雅》:"华山为西岳。"**故曰:赞茅、岐周之粟,以赏天下之人,不人得一升**;师辙按,一升,各本皆作"一胜",是。此浅人妄改耳。俞樾曰:"胜,读为'升'。《三辅黄图》曰:'御宿园出粟,十五枚一胜,大梨如五胜。'胜,皆'升'之假字。"**以其钱赏天下之人,不人得一钱。故曰:百里之君,而封侯其臣,大其旧**,陈仁锡本作"大倍其旧",王志远本作"大倍于旧",皆臆改。○严校:"范本'君'作'居',秦本'其臣'作'功臣'。"师辙按,君,各本皆作"居",不误。谓所居之国百里,而能封诸侯逾于百里,固不必改"居"为"君"始通。**自士卒坐**

---

❶ "万五千人为军",《周礼》原作"万有二千五百人为军"。

陈者，里有书社，赏之所加，宽于牛马者，何也？善因天下之货，以赏天下之人。故曰：明赏不费。汤、武既破桀、纣，海内无害，天下大定。筑五库，藏五兵，偃武事，行文教，倒载干戈，偃，息也。师辙按，"干"各本作"戟"。戟，为戋之误。《说文》："戋，盾也。"先大父云："经传皆以'干'为之。"《商子》古籍，尚用本义，俗儒妄改为"戟"耳。○严校："秦本、范本作'戟戈'。"搢笏作为乐，以申其德。《礼记·内则》："搢笏。"注："所以记事也。"《晋书·舆服志》："古者贵贱皆执笏，有事则搢于带❶。"言搢笏之士，作为乐歌，以颂其德。评校本以"搢笏"二字为句，亦通。当此时也，赏禄不行，而民整齐。故曰：明赏之犹至于无赏也。

所谓壹刑者，刑无等级，各本无"者刑"二字。自卿相将军以至大夫庶人，有不从王令、犯国禁、乱上制者，罪死不赦。有功于前，有败于后，不为损刑。有善于前，有过于后，不为亏法。损，减也。亏，毁也。忠臣孝子，有过必以其数断。罪必当其轻重，不为末减。守法守职之吏，有不行王法者，罪死不赦，王法，各本作"正法"。刑及三族。周官之人，知而讦之上者，自免于罪，周，备也。《说文》："讦，面相斥，皋相告也。"❷俞樾谓"周"

---

❶ "有事则搢于带"，《晋书·舆服志》"有"上有"其"字，"搢"下有"之"字，"带"上有"腰"字。

❷ 关于"讦"之解释，《说文解字》原文作"面相斥罪，相告讦也"。

当为"同","讦"当为"谒",皆字之误。❶师辙按,俞说非,各本"讦"作"谓",义亦通。**无贵贱,尸袭其官长之官爵田禄。**《释名·释丧制》:"衣尸曰袭。袭,匜也。"言以告讦之人,无分贵贱,代其长官之禄位,如尸之袭代也。**故曰:重刑连其罪,则民不敢试。民不敢试,故无刑也。**罪相连坐,则民不敢以身试法。**夫先王之禁刺杀,断人之足,黥人之面,非求伤民也,以禁奸止过也。**黥,刑。刻其面,以墨室之。**故禁奸止过,**各本皆作"故禁奸奸止"。**莫若重刑。刑重而必得,**必得其罪。**则民不敢试,故国无刑民。国无刑民,故曰:明刑不戮。晋文公将欲明刑,以亲百姓,**晋文公,献公子重耳也。**于是合诸侯大夫于侍千宫,颠颉后至,请其罪。**《太平御览》卷六百三十六引《商君书》作"于是合诸卿大夫于冀宫,颠颉后至,吏请其罪"。又,六百四十六引亦作"吏请其罪"。**君曰:"用事焉。"吏遂断颠颉之脊以殉。**《左传》:晋侯入曹,令无入僖负羁宫。魏犨、颠颉怒。爇僖负羁氏。文公爱魏犨材,舍之,杀颠颉以徇于师。殉,当作"徇",偏也。《御览》卷六百四十六引《商君书》作"吏遂斩颠颉之首以徇"。又,六百三十六引"首"作"脊"。《北堂书钞·死刑九》引商鞅云:"晋文公断颠颉之脊以殉晋国,为其晚至故也。"○严校:"用事焉吏,案,文倒,当作'焉用事吏'。或云:'吏

---

❶ 俞樾《商子平议》按语原文为:"樾谨按,'周'当为'同','谓'当为'谒',皆字之误。"俞樾所据《商君书》原文为:"周官之人,知而谓之上者,自免于罪。"

字当属下句。'"晋国之士，**稽焉皆惧**，曰："颠颉之有宠也，断以殉，况于我乎。"俞樾曰："稽，犹同也。《尚书·尧典》曰：'若稽古。'《正义》引郑注曰：'稽，同也。'《礼记·儒行》篇：'古人与稽。'郑注曰：'稽，犹合也。''合'与'同'义亦相近。稽焉皆惧，犹云同焉皆惧❶。"师辙按，稽，议也。《礼记·缁衣》："行必稽其所敝。"郑注："稽，犹考也，议也。"言晋国之士窃议其事，皆畏惧也。《太平御览》卷六百三十六作"断脊以徇，况❷于我乎"，下多"乃无犯禁者晋国大理"九字。又，六百四十六引作"斩以徇"。两卷所引，俱无"稽焉"二字。**举兵伐曹五鹿，及反郑之埤，东征之亩，**曹，国名。文王子振铎封于曹。曹共公不礼于晋文公，文公五年，侵曹，伐卫，取五鹿。杜预《左传》注："五鹿，卫地。"《晋语》："文公诛观状以伐郑，反其陴。"韦昭注："反，拨也。陴，城上女垣。"师辙按，埤，借为陴。《左传》："子产授兵登陴。"《韩非子》："（文公）田于圃陆，期以日中为期，后期者行军法焉。公有所爱者曰颠颉，后期，吏请其罪。文公陨涕而忧。吏曰：'请用事焉。'遂斩颠颉之脊，以徇百姓，以明法之信也。而后百姓皆惧，曰：'君于颠颉之贵重如彼甚也，而君犹行法焉，况于我则何有矣。'文公见民之可战也，于是遂兴兵伐原，克之。伐卫，东其亩，取五鹿。攻阳，胜虢，伐曹，南

---

❶ "犹云同焉皆惧"，俞樾《商子平议》按语原作"犹云同然皆惧也"。
❷ "况"，《太平御览》卷六三六引文上有"而"字。

围郑，反之陴，罢宋围。还与荆人战于城濮，大败荆人。返为践土之盟，遂成衡雍之义，一举而八有功。所以然者，无他故异物，从狐偃之谋，假颠颉之脊也。"孙诒让曰："严可均校作'伐卫，取五鹿，伐曹南围郑之埤'。案，征，当作'卫'。《吕氏春秋·简选》篇云：'晋文公反之埤，东卫之亩。'高注云：'使卫耕者皆东亩，以遂晋兵也。'此文与彼正同。上云'伐曹取五鹿'，自是所传之异。先秦诸子与《左传》纪事不必同。叶、严校并改'曹'为'卫'，失之。"师辙按，孙说是也。证以《韩非子》，益信"征"作"卫"之确。○严校："按，'举兵'以下，文多脱误。五鹿，卫地，不应属之伐曹。围郑事，在战城濮后二年，不应越次先叙。叶校本作'举兵伐卫，取五鹿，伐曹救宋'，下接'胜荆人'句，盖据《左传》任意删改，非有原书引证，姑存之。"**胜荆人于城濮。三军之士，止之如斩足，行之如流水。三军之士，无敢犯禁者。故一假道重轻于颠颉之脊，而晋国治。**杜预《左传》注："荆，楚本号"，"城濮，卫地"。《广雅》："假，借也。"○严校："按，重轻，即本书所谓'行刑重其轻'者。秦本作'重刑'，误。又，而晋国治，秦本作'而曰吾国治'，亦误。"师辙按，各本"重轻"俱作"重刑"，"而晋国治"俱作"曰而致国治"。惟范本作"重轻"，"致"作缺文。**昔者周公旦杀管叔，流霍叔，曰犯禁者也。**先大父《经史答问》云："霍叔，当为'蔡叔'之误。"《史记·管蔡世家》，文王长子曰伯邑考，次曰武王发、管叔鲜、周公旦、蔡叔度、霍叔处。武王崩，成王少，周公旦专王室。管叔挟武庚以作乱，周公旦承成王命，伐诛武庚，杀管叔而放蔡叔。伪书《蔡仲之命》："惟周公位冢宰，正百工"，"群叔流言，乃致辟管叔于商，囚蔡叔于郭邻，以车七乘，降霍叔于庶人，三年不齿"。流，放也。**天下众皆曰："亲昆弟有过不违，而况疏远乎。"故天下知用刀锯于周庭而海内治。**昆，兄也。不违，不违法也。○严校："旧本作'而况疏远天下内不用'云云，脱误不成文。此依秦本。"师辙按，严校所谓旧本乃范本也，其他吴本、程本、评校本、四库本、崇文本俱同秦本。绵眇阁本、陈仁锡本，俱作"而况疏远天下乎"。盖公旦用刀锯于周庭，而海内治。**故曰：明刑之犹至于无刑也。**

所谓壹教者，博闻、辩慧、信廉、礼乐、修行、群党、任誉、清浊，不可以富贵，不可以评刑，不可独立私议以陈其上。坚者被，锐者挫，虽曰圣知巧佞厚朴，则不能以非功罔上利。然富贵之门，要存战而已矣。所谓壹教者，虽有异能，不加富贵，不为减刑，不独立私议，而陈其功。被其坚，挫其锐，虽圣知之流，不能以无功而罔罗上利。求富贵之道，惟在于战斗而已矣。师辙按，陶校谓"被"乃"破"之误。《管子·法法》篇："锐者挫，坚者破。"信廉，吴本、冯本作"知廉"。○严校："富贵，秦本、范本作'贵富'，下同。存，亦作'在'。在、存形近，谊亦通。"辙按，各本俱同秦本，作"贵富之门"。存，并不作"在"。**彼能战者，践富贵之门。强梗焉，有常刑而不赦。**践，履也。梗，猛也。《淮南子》："锄其强梗。"○严校："旧本作'有常道而不禁'，误。强梗不禁，是纵战士之残而召乱矣❶。今依秦本改正。绎其文谊，言人敢有相犯者，罪不赦也。"师辙按，各本皆同秦本，严氏所见范本亦同。所谓旧本之误者，岂元本耶？**是父兄、昆弟、知识、婚姻、合同者，皆曰："务之所加，存战而已矣。"**知识，谓相知识之人。合同，谓道合志同之士。○严校："存，秦本作'有'。"**夫故当壮者务于战，老弱者务于守，死者不悔，生者务劝，此臣所谓壹教也。民之欲富贵也，共阖棺而后止，**共，同也。阖，闭也。《管子·揆度》篇："当壮者遣之戍边。"此言民欲富贵，非至死不休也。止，各本俱作"出"，误。《韩诗外传》："学而不已，阖棺乃止。"**而富贵之门必出于兵，是故民闻战而相贺也，起居饮食所歌谣者，战也。**《尔雅》："和乐曰歌，徒歌曰谣。"**此臣之所谓明教之犹至于无教也。**

　　此臣之所谓参教也。参，验也，壹教之效验。尹桐阳云："参，三也。谓赏刑教三事。"亦通。**圣人非能通知万物之要也。**俞樾曰："非能，当作'惟能'。惟能知要，故能举要。若作'非能'，不可通矣。《靳令》篇曰：'圣君知物之要，故其治民有至要。'足证此文'非'字之误。"师辙按，评校本读"圣人非能通"句，是谓圣人不能尽通万物，惟知万物之要。俞氏妄改"非"作"惟"，非。陶校云："'万物'绝句，'之要'上当有'知万物'三字。《农战》篇：

---

❶ "是纵战士之残而召乱矣"，严万里校本"残"下有"暴"字。

'故圣人明君者，非能尽其万物也，知万物之要也。'"[1]可证俞说失之。**故其治国举要以致万物，**言举要足以知万物之情。**故寡教而多功。**寡教，谓壹教。

　　圣人治国也，易知而难行也。是故圣人不必加，○严校："加，范本作'王'，误。"**凡主不必废，杀人不为暴、赏人不为仁者，国法明也。圣人以功授官予爵，故贤者不忧。**贤者有法可守，故不忧。或曰：忧，读为"优"。谓赏必以功，无功虽贤者不加优。**圣人不宥过，不赦刑，故奸无起。圣人治国也，审壹而已矣。**宥，宽也。

画策第十八

　　昔者昊英之世，以伐木杀兽，人民少而木兽多。《帝王世纪》：女娲氏没，大庭氏王有天下。次有柏皇氏、中央氏、栗陆氏、骊连氏、赫胥氏、尊卢氏、祝融氏、混沌氏、昊英氏、有巢氏、葛天氏、阴康氏、朱襄氏、无怀氏，皆袭庖牺之号。**黄帝之世，不麛不卵，官无供备之民，死**

---

[1] 陶鸿庆《读〈商君书〉札记》原文为："'万物'句绝，'之要'上当更有'知万物'三字。本云：'圣人非能通知万物，知万物之要也。'《农战》篇云：'故圣人明君者，非能尽其万物也，知万物之要也。故其治国也，察要而已矣。'是其证。俞氏云：'"非能"当作"惟能"。'失之。"

不得用椁。事不同，皆王者，时异也。《史记》："黄帝者，少典之子，姓公孙，名曰轩辕。"《说文》："麛，鹿子也。"凡物无乳者卵生。《曲礼》："士不取麛、卵。"《说文》："椁，葬有木薶也。"先大父云："周棺者也。字亦作'槨'。"神农之世，男耕而食，妇织而衣，刑政不用而治，甲兵不起而王。《帝王世纪》：炎帝神农氏，姜姓。母曰任姒，有蟜氏女，登为少典妃，游华阳，有神龙首，感生炎帝。人身牛首。长于姜水。有圣德。《白虎通》："古之人民，皆食禽兽肉。至于神农，人民众多，禽兽肉不足。于是神农因天之时，分地之利，制耒耜，教民农作。神而化之，使民宜之，故谓之神农也。"《文子·上义》篇："神农之法曰：丈夫丁壮不耕，天下有受其饥者；妇人当年不织，天下有受其寒者。故身亲耕，妻亲织，以为天下先。"男耕，各本俱作"公耕"。神农既没，以强胜弱，以众暴寡，故黄帝作为君臣上下之义，○严校："义，秦本作'仪'。按，威仪字，古作'义'。《说文》：'义，己之威仪也。从我从羊。'《周礼·肆师职》郑注、《汉书·邹阳传》颜注并云'义'读为'仪'。今依元本、范本。盖犹古书之未经改窜者也。又，仁义字，当作'谊'。《说文》：'谊，人所宜也。'徐云：'《史记》仁义字作此。'《汉书·董仲舒传》：'摩民以谊。'古文《尚书》'遵王之义'，本作'谊'，唐明皇诏改'义'。据此类推，则古书之传于今者，半失其旧矣。"父子兄弟之礼，夫妇妃匹之合。内行刀锯，外用甲兵。故时变也。《经传释词》："故，犹则也。"由此观之，神农非高于黄帝也，然其名尊者，以适于时也。故以战去战，虽战可也；以杀去杀，虽杀可也；以刑去刑，虽重刑可也。以战去战，如武王伐纣。以杀去杀，如晋文杀颠颉。以刑去刑，如子产治郑。

昔之能制天下者，必先制其民者也。昔之，吴本、评校本、程本、范本作"以力之"，绵眇阁本独作以"历之"。历，乃"昔"之误字。能胜强敌者，必先胜其民者也。故胜民之本在制民，若冶于金、陶于土也。《汉书·董仲舒传》："金之在镕，惟冶者之所铸。"《淮南子·精神训》："譬犹陶人之埏埴也。"胜民，各本作"因民"，误。本不坚，则民如飞鸟禽兽，其孰能制之。师辙按，禽，当作"走"。○严校："按，'禽'字误。"民本，法也。故善治者，塞民以法，而名地作矣。《吕览·论人》："不可塞也。"高诱注："塞，遏也。"《诗》："天作高山。"《毛传》："作，生也。"法为治民之本，善治者以法遏民之恶，故能得名与地。

名尊地广，以至王者，何故？俞樾曰："'何故'下，脱'战胜者也'四字❶。"名卑地削，以至于亡者，何故？战罢者也。罢，敝也。不胜而王、不败而亡者，自古及今，未尝有也。民勇者战胜，民不勇者战败。能壹民于战者，民勇；不能壹民于战者，不勇。各本无"民不勇者战败能"七字。程本、范本同，但空二字。圣王见王之致于兵也，故举国而责之于兵。圣王知兵强而王可致，故举国之民，皆责之为兵。此即今泰西诸强国，军国民主义，全国

---

❶ "脱战胜者也四字"，俞樾《商子平议》"脱"作"夺"，义同。

皆兵之制。见王之致，吴本、评校本作"见勇至之"，范本作"见王致之"。举国，各本作"兴国"。**入其国，观其治，兵用者强。奚以知民之见用者也？民之见战也，如饿狼之见肉，则民用矣。**孔广陶校本《北堂书钞》一百十八引《商君》云："玄氏之战，如饿狼之见肉，则民可用也。"陈本"肉"作"兔"，"玄氏"作"视民"。《意林》引作"使见战者如饿狼之见肉，则可用矣"。《太平御览》二百九十七引，"饿"作"饥"，"肉"作"兔"，"用"上有"可"字。**凡战者，民之所恶也。能使民乐战者王。强国之民，父遗其子，兄遗其弟，妻遗其夫，皆曰："不得，无返。"**《广雅》："遣，送也。"不得无返，谓不得胜无返家。**又曰："失法离令，若死，我死，乡治之。行间无所逃，迁徙无所入。"**《吕览·论威》："形性相离。"高注："离，违也。"《小尔雅》："若，汝也。"《汉书·高帝纪》："间道走军。"注："投空隙而行，不公显也。"言失法违令，尔我俱死，乡里治之，间隙无所逃，迁徙他乡不得入。按，程本、范本，"行间"下空一字。**行间之治连以五，辨之以章，束之以令。拙无所处，罢无所生。**师辙按，严校本"行间"上衍"入"字，今据绵眇阁本、吴本、冯本、程本、钱本、范本、四库本删。拙无，吴本、评校本、程本作"穷天"，范本作"拙天"。罢无所生，各本作"以此无所生"。按，"天"乃"无"之讹。《史记》："商君令民为什伍而相收司连坐。"《索隐》："五家为保，十家相连"，"一家有罪，而九家连举发。若不纠举，则十家连坐"。《释名》："拙，屈也。"《广雅》："罢，劳也。"**是以三军**

之众，从令如流，死而不旋踵。

国之乱也，非其法乱也，非法不用也。俞樾曰："下'非'字当作'其'。"师辙按，俞说非。盖商君之意，谓非法不用，犹于刑轻。观下文可证。国皆有法，而无使法必行之法。师辙按，各本皆作"国皆有潜法"。《说文》："潜，一曰藏也。"言国家皆有所藏之法。严校删去，非。国皆有禁奸邪、刑盗贼之法，而无使奸邪、盗贼必得之法。为奸邪、盗贼者死刑，而奸邪、盗贼不止者，不必得。谓不能必获得而治其罪。《荀子❶·内储上七术》："罪莫重辜磔于市，犹不止者，不必得也。"必得而尚有奸邪、盗贼者，刑轻也。刑轻者，不得诛也。必得者，刑者众。师辙按，合雅本、范本作"刑轻者，兼诛也。必得者，本者众也"。合雅本注云："兼诛，并众而诛，轻罪不诛也。"本者，法也，法者重刑。故善治者，刑不善而不赏善，故不刑而民善。不刑而民善，刑重也。刑重者，民不敢犯，故无刑也。师辙按，各本作"故善治刑者，不善而不赏善，故不刑而民善。不刑而民得善，刑重也。刑重者民不敢犯，国故无刑也"。严校将"刑者"二字乙转，甚是。将"得国"二字删去，并不注明，则非。而民莫敢为非，是一国皆善也。故不赏善而民善。赏善之不可也，犹赏不盗。赏善之不可，犹赏不盗之不可也。故善治者，使跖可信，而况伯夷乎？跖，又作"蹠"，盗跖也，柳下惠弟，见《庄子》。《史记·伯夷传》："盗跖日杀不辜，肝人之肉，暴戾恣睢，聚党数千人，

---

❶ "荀子"，据引文内容应作"韩非子"为是。

横行天下，竟以寿终。"《正义》："跖者，黄帝时大盗之名。以柳下惠弟为天下大盗，故世放古，号之盗跖。"《史记》：伯夷、叔齐，孤竹君二子。兄弟让国，归养于西伯。及武王平殷，耻之，不食周粟，隐于首阳山。采薇食，饿死。各本"信"上有"忠"字，范本空一字。**不能治者，使伯夷可疑，而况跖乎？势不能为奸，虽跖可信也。势得为奸，虽伯夷可疑也。**

国或重治，或重乱。此二句，各本作"国治或重"，误。明主在上，所举必贤，则法可在贤。法可在贤，则法在下，法操于贤人，则法行于下。**不肖不敢为非，是谓重治。不明主在上，所举必不肖，国无明法，不肖者敢为非，是谓重乱。兵或重强，或重弱。民固欲战，又不得不战，是谓重强。民固不欲战，又得无战，是谓重弱。**

明主不滥富贵其臣。所谓富者，非粟米珠玉也？所谓贵者，非爵位官职也？废法作私，爵禄之，富贵。辙按，"富贵"下当有"之"字。**凡人主德行非出人也，知非出人也，**出人，出人上也。绵眇阁本，"出"作"上"。**勇力非过人也。然民虽有圣知，弗敢我谋；勇力，弗敢我杀；虽众，不敢胜其主；虽民至亿万之数，县重赏而民不敢争，**县，各本作"悬"。师辙按，悬，俗字，作"县"是。《说文》："县，系也。"**行罚而民不敢怨者，法也。**《御览》六百三十八引"凡人主德行非出人也，勇非过人也，然民虽有圣智弗敢谋，有勇力弗敢杀，虽众弗胜其制。民无亿万之数，虽行重赏而民弗敢争，行重罚而民弗敢怨者，法也"，与此文稍异。**国乱者，民多私义；**私义，如汉朱家、郭解之流，以侠犯禁。**兵弱者，民多私勇。则削国之所以取爵禄者多涂人，亡国之所以贱爵轻禄，**师辙按，严校本"涂"下无"人"字，"之所以"作"之欲"，乃从范本之讹。兹据绵眇阁本、评校本、吴本、程本、冯本、四库本改正。陈澧《东塾读书记》引《商子》"国乱者民多私义，兵弱者民多私勇，则削国之所以，取爵禄者多涂人，亡国之所以"，以两"所以"为句读。严万里以"多涂亡"为句读。皆非。○严校："秦本'涂'下有'人'字。"**不作而食，不战而荣，无爵而尊，无禄而富，无官而长，此之谓奸民。所谓"治主无忠臣，**治主任法而国治，故无忠臣。《老子》："国家昏乱，有忠臣。"**慈父无孝子"，**欲无善言，皆以法相司也，命相正也。司者，理其事也。命，令也。**不能独为非，而莫与人为非。**莫，无也。**所谓富者，入多而出寡。**衣服有制，饮食有节，则出寡矣。女事尽于内，男事尽于外，则入多矣。

所谓明者，无所不见，则群臣不敢为奸，百姓不敢为非。是以人主处匡床之上，听丝竹之声，而天下治。师辙按，《说文》："匡，或体作'筐'。"《庄子·齐物》："与王同筐床。"崔注："正床也。"《淮南·主术》："匡床蒻席。"高注："匡，安也。"**所谓明者，使众不得不为。所谓强者，天下胜。天下胜，是故合力。**所谓明者，使众不得不尽其力。所谓强者，能用天下之力胜也。以天下之力胜，故谓合力。**是以勇强不敢为暴，圣知不敢为诈，而虚用兼天下之众，莫敢不为其所好，而辟其所恶。**虚用，当为"虑周"之讹。虑，谋也。言谋虑周到，是以兼天下之众，莫敢不从所好，而辟所恶。或以"而虚用"属上读，非。**所谓强者，使勇力不得不为己用。其志足，天下益之；不足，天下说之。**益，饶也。说，乐也。**恃天下者，天下去之；自恃者，得天下。**恃于外而不修于内，则天下去之。修于内而不恃于外，则天下归之。**得天下者，先自得者也；能胜强敌者，先自胜者也。**能自得，则能得天下。能自胜，则能胜强敌。盖事必先其本也。《吕览·先己》篇："欲胜人者，必先自胜。"

　　圣人知必然之理、必为之时势，故为必治之政，战必勇之民，行必听之令。是以兵出而无敌，令行而天下服从。○严校："范本无'服从'字，有'朝'字。朝下阙一字。"辙按，程本与范本同，吴本、评校本仅有"朝"字，不阙字。**黄鹄之飞，一举千里，有必飞之备也。**鹄，《说文》："鸿鹄也。"先大父云："形似鹤，色苍黄，亦有白者。其翔极高。一名天鹅。"○严校："秦本、范本，'一举'作'日行'。"**丽丽巨巨，日走千里，有必走之势也。**丽丽巨巨，未详。或曰皆古骏马名。周穆王有盗骊。骊，与"丽"通。《尔雅》："邛邛巨虚。"《玉篇》："巨虚，兽似骡。"○严校："丽丽巨巨，秦本作'骐骥骆骐'，范本'巨'作'臣'"，"秦本、范本，'日'上有'每一'字"。辙按，各本皆同秦本。**虎豹熊罴，鸷而无敌，有必胜之理也。**《尔雅》："熊虎丑，其子狗"，"罴如熊，黄白文"。先大父云："罴即熊类之大而猛者，能拔树木，俗谓之人熊。"鸷，猛也。辙按，各本无"鸷"字。**圣人见本然之政，知必然之理，故其制民也，如以高下制水，如以燥湿**

制火。《御览》卷四百一，作"圣人之制民也，如高下制水，如燥湿制火也"。《说文》："燥，干也。"**故曰：仁者能仁于人，而不能使人仁；义者能爱于人，而不能使人爱。**绵眇阁本、吴本、评校本、程本、冯本、钱本、四库本、崇文本皆作"使人相爱"。○严校："秦本、范本作'相爱'。"**是以知仁义之不足以治天下也。圣人有必信之性，又有使天下不得不信之法。所谓义者，为人臣忠，为人子孝，少长有礼，男女有别。非其义也，饿不苟食，死不苟生。此乃有法之常也。圣王者，不贵义而贵法。法必明，令必行，则已矣。**商君之论仁义，谓非但臣忠子孝、少长有礼、男女有别而已。必使人民饿不苟食，死不苟生，大法伸于天下，乃为真仁义。是以圣人不贵义而贵法，在法明令行而已矣。陶鸿庆校，谓"此乃有法之常也"句有脱文，当云"此乃性之有，非法之常也"。承上文"圣人有必信之性，又有使天下不得不信之法"而言。《错法》篇云："夫圣人之存体性，不可以易人。然而功可得者，法之谓也。"即此义。故下文云："圣王者不贵义而贵法。"

卷五

境内第十九

国内之民，稽其男女众寡生死之数，以备军役。制官爵，行赏罚，而施军政焉。

四境之内，丈夫女子皆有名于上，者著，死者削。俞樾曰："此夺'生'字，当作'生者著，死者削'。"师辙按，俞说是。崇文本有"生"字。言境内之民，男女皆著名于版籍之上，生则著其名，死则削去之。

其有爵者乞无爵者以为庶子，级乞一人。先大父《说文通训定声》"气"下云："今隶作'乞'。"乞，借为"气"。《说文》"气"，或作"饩"，馈客之刍米也。此商君定军籍之制。有爵者饩以禄米，无爵者以为庶子，每级准饩一人。按，《汉书·百官公卿表》秦爵二十级，又有家丞、门大夫、庶子、疑庶子等，即春秋时各国大夫、家臣之类。下文有"除庶子一人"。**其无役事也，其庶子役其大夫月六日。其役事也，随而养之。**无大役之时，庶子役于大夫，月不过六日。其役也，则赡养之。○严校："元本、范本，'月'字作缺文。"辙按，各本无"月"字，程本亦空一字。

军爵自一级已下至小夫，命曰校、徒、操。出公爵，自二级已上至不更，命曰卒。《史记·秦本纪》集解："商君为法于秦，战斩一首赐爵一级，欲为官者五十石。"（今本作"五千石"，误，此据《北堂书钞》引改正。）《汉书·百官公卿表》："爵一级曰公士，二上造，三簪袅，四不更，五大夫，六官大夫，七公大夫，八公乘，九五大夫，十左庶长，十一右庶长，十二左更，十三中更，十四右更，十五少上造，十六大上造，十七驷车庶长，十八大庶长，十九关内侯，二十彻侯。皆秦制，以赏功劳。"师辙按，秦以爵赏战功，故云军爵。自公士已下至小夫，名曰校、徒、操。校、徒、操三者，皆军职。出公爵，谓在军爵之外。俞樾改"出"为"士"，非。自上造已上至不更，名曰卒。傅子云："公士上造，皆步卒。然则簪袅不更，皆车卒。"**其战也，五人来薄为伍，**孙诒让曰："来，疑当作'束'。《尉缭子》有《束伍令》。薄，古'簿'字。五人束薄为伍，言为束伍之籍也。"**一人羽而轻其四人，**孙诒让曰："羽，疑当为'死'。轻，当为'刭'。言同伍之中，一人死事，四人不能救，则受刑也。"**能人得一首则复。**复谓除其赋役。**夫劳爵，其县过三日，有不致士大夫劳爵能。**孙诒让曰："能，当为'罢'。言免其县令也❶。此十七字，与上文不相属，疑当在后文'将军以不疑致士大夫劳爵'下，而误错箸于此。'夫劳爵'三字，即蒙彼而衍。又，疑'能'即'耐'之借字。《汉书·高帝纪》应劭注：'轻罪不至于髡，完其耏鬓'，'耏，音若能'。"师辙按，孙说是也。《说文》"耏"或体作"耐"，罪不至髡

---

❶ "言免其县令也"，孙诒让《札迻》"免"上有"罢"字。

也。《汉书[1]·光武纪》："耐罪亡命。"注："耐，轻刑之名。一岁刑为罚作，二岁以上为耐。"先大父云："耐，亦假借为'能'。"**五人一屯长，百人一将。其战，百将、屯长不得斩首。得三十三首以上，盈论，百将、屯长，赐爵一级。**五人设一屯长，百人设一将。百将、屯长，责在指挥，故不得斩首。百将所属二十屯长。百人之中，能得三十三首以上，则以盈满论功。百将、屯长，皆赐爵一级。或曰：不得，当作"不退"。篆文"得""𢔶"形近而讹。"不退"绝句，"斩首"属下读。**五百主，短兵五十人。二五百主，将之主，短兵百。**五百主，五百人之长，有持短兵之士五十人。二五百主，千人之长，将之主要者，有持短兵之士百人。短兵，兵之持刀剑者也。二五百主，各本皆作"二五霸主"。**千石之令，短兵百人。八百之令，短兵八十人。七百之令，短兵七十人。六百之令，短兵六十人。**《汉书·百官公卿表》："县令、长，皆秦官，掌治其县。万户以上为令，秩千石至六百石。"**国封尉，短兵千人。**郑樵《通志》："秦官有郡尉，掌佐守，典武职甲卒。"俞樾曰："'封'字衍文，盖即'尉'字之误而衍者。下文两言'国尉分地'可证。"师辙按，国封尉，乃守郡国封疆之尉，不误。言"国尉"乃省文耳，又称郡尉。**将，短兵四千人。战及死吏，而□短兵，**绵眇阁本、吴本、评校本、程本、冯本、钱本、范本、四库本作"而轻短兵"。孙诒让曰："吏，当为'事'。《说文》史部'事'古文作'叏'，与'吏'相似。轻，亦当为'到'。

---

[1] "汉书"，据引文内容应作"后汉书"为是。

言主将死，则短兵受刑。"师辙按，孙说是。**能一首则优。**孙诒让曰："'能'下当脱'人得'二字。优，当为'复'，形之误也。上文云'能人得一首则复'可证。"

能攻城围邑，斩首八千已上，则盈论。野战，斩首二千，则盈论。严校本作"盈谕"，误。据绵眇阁等本改正。**吏自操及校以上大将，尽赏行间之吏也。**军吏，自操以上至大将，凡在行陈者，皆赏之。〇严校："元本、范本无'也'字，作缺文。"**故爵公士也，就为上造也。故爵上造，就为簪袅。就为不更。**袅，奴了切。《说文》："以组带马也。"《通训》云秦爵"三曰簪袅，御驷马者。字或以'褭'为之。褭，即'鸼'字"。评校本注云："故爵，原官也。就升转。说。"师辙按，此言进官爵之法。旧爵为公士，因进为上造。爵为上造，因进为簪袅。超升为不更。《说文》"造"下，谭长云："造，上士也。"《左·成十三传》："晋伐秦，获不更女父。"杜注："不更，秦爵。"《小尔雅》："就，因也。"俞樾谓："'就为簪袅'下，当补'故爵簪袅'四字。'故爵为大夫'，当作'故爵不更，就为大夫'。"师辙按，俞说非。观下文一例，可知不误。**故爵为大夫。爵吏而为县尉，则赐虏，六加五千六百。**爵为大夫，欲改爵为吏，而为县尉，则赐俘虏。六次加秩，可至五千六百石。或云：叠加统兵，可至五千六百人。一云《墨子·号令》篇："守城者，男子赐二级，女子赐钱五千。"❶

---

❶ 《墨子·号令》篇原文为："男子有守者爵人二级，女子赐钱五千。"

此言守城有功，赐俘虏，六加赐钱五千六百。**爵大夫而为国治，就为大夫。**王时润曰："国治，当作'国尉'。"师辙按，就为大夫，当作"就为官大夫"。或曰：爵大夫而为国治事者，进一级，而为官大夫。**故爵大夫，就为公大夫。就为公乘。就为五大夫，则税邑三百家。故爵五大夫，皆有赐邑三百家，有赐税**三百家。师辙按，故爵大夫，当作"故爵官大夫"。爵五大夫，则有赐邑三百家。或赐邑，或赐税，视其功之大小而定。《韩非·内储上》："是以庞敬还公大夫。"《左·昭三传》："公乘无人。"《墨子·号令》："守城吏比五官者，皆赐爵公乘。"又云："吏比于丞者，赐爵五大夫。"《史记·秦本纪》："五大夫贲攻韩。"俞樾谓："'就为公大夫'下，当补'故爵公大夫'五字。'就为公乘'下，当补'故爵公乘'四字。"师辙按，此与前同，乃古人省文，不必以今文法强为增补。**爵五大夫，有税邑六百家者，受客。**孙诒让曰："此句有脱误。受，疑当为'就'，音近而误。'客下'疑当有'卿'字。下文云'故客卿相论盈，就正卿，就客卿'，犹言就正卿也。"师辙按，孙说是也。《史记·秦本纪》有客卿胡伤，后升中更。**大将、御、参皆赐爵三级。**御谓车御，参谓参乘。御参战胜论功，皆赐爵三级。**故客卿相论盈，就正卿。就为大庶长。**《史记·范睢蔡泽传》昭王拜范睢为客卿，后为相。蔡泽以范睢荐为客卿，后代睢为相。此大庶长，疑为左右庶长之讹。下文大庶长，亦左右庶长也。庶长，春秋时秦已有此官。《左·襄十一传》："秦庶长鲍、庶长武帅师伐晋。"杜注："庶长，秦爵。"秦爵十级左庶长，十一级右庶长，大庶长乃十八级，在大上造之上，故知其误。**故大庶长就为左更。故四更也，就为大良造。** 师辙按，秦爵，五大夫上，为左庶长、右庶长、左更、中更、右更、少上造、大上造、驷车庶长、大庶长。其爵制与此不同。《史记·商君传》商君为左庶长、大良造。是左庶长等官，商君时已有之，而此未言及，岂夺陋耶？抑秦官制时有变更，故不相符，有不可详考者矣。大良造，即大上造。《广雅·释诂》："良，长也。"长，亦上也。更，改也。盖由左更四迁为大良造，或谓左更、中更、右更、少上造为四更。

以战故，暴首三，乃校，三日将军以不疑致士大夫劳爵。《说文》："暴，疾有所趣也。"先大父曰："转注为卒急虐害之训。"师辙按，暴首，犹斩首也。以战故，斩首三次，乃考校其功。三日之内，将军以考核无疑，致士大夫劳爵。**其县。** 师辙按，上文"过三日，有不致士大夫劳爵能"十二字，当在此下。**四尉。訾由丞尉。**《汉书·百官公卿表》："卫尉、中尉、郡尉，皆秦官。"又云："县令、长，皆秦官"，"皆有丞尉"。訾，议也。

能得爵首一者，爵，绵眇阁本、程本、吴本、冯本、范本皆作"甲"。是"甲首"，谓甲士之首，盖统兵之官长。**赏爵一级，益田一顷，益宅九亩，一除庶子一人，乃得人兵官之吏。** 一除，"一"字疑衍。得人，当作"得入"。除庶子一人，乃得入兵官之吏，即后世荫子除官之类，所以赏斩将之功也。

其狱法，高爵訾下爵级。高爵能，无给有爵人隶仆。 孙诒让曰："能，亦当为'罢'。言高爵有罪而罢，无得给有爵人为隶仆也。"又曰："此'能'字，疑亦当读为'耐'。或'耐罪'当为'隶仆'，若汉罚作也。"**爵自二级以上，有刑罪则贬。爵自一级以下，有刑罪则已。**《广雅》："贬，减也。"《孟子》："再不朝❶，则贬其爵。"已，止也。谓停止其职。则已，吴本、程本、评校本作"刖矣"，范本作"则矣"，俱误。绵眇阁本"则"下作阙文。

小夫死，以上至大夫，小夫，范本、严校本作"小失"，误，兹据绵眇阁本、吴本、程本、钱本、评校本改正。俞樾曰："'小夫'字，各本皆同，而施氏先秦诸子本作'小失'，非也。上云'军爵自一级已下至小夫'，则当时自有小夫名目。孙星衍校本反从施作'失'，误矣。"**其官级一等，其墓树级一树。**此树墓礼也。自小夫以至于大夫死，得立墓树，以官爵大小为等差。《易·系辞》："不封不树。"虞翻注："聚土为树。"《周礼·冢人》："以爵等为丘封之度与其树数。"疏："《春秋纬》云：'天子坟高三仞，树以松；诸侯半之，树以柏；大夫八尺，树以药草；士四尺，树以槐；庶人无坟。'"《白虎通》引《春秋含文嘉》同，惟"药草"作"栾"。《王制疏》引"大夫栗"，栗，当为"栾"字之误。《说文·木部》"栾"下云："大夫栾。"当以作"栾"为是。

其攻城围邑也，国司空訾莫城之广厚之数。国司空，秦官名。訾，量也。莫，各本作"其"，当从之。或曰：莫，读为幂。言国司空量度城之面积广厚之数，而后攻之。**国尉分**

---

❶ "再不朝"，《孟子》原作"一不朝"。

地，以徒校分积尺而攻之，《经传释词》："以，与也。"国尉，秦官。《史记·白起传》起由左更迁为国尉。国尉分地与徒校，分城之面积丈尺使进攻。**为期曰：先已者当为最启，后已者訾为最殿，**已，犹毕也。《论语》马融注："前曰启，后曰殿。"○严校："范本'启'后作国家，秦本'启'下有'国'字，并误。"辙按，各本皆同范本。**再訾则废。**再列下殿。则废弃不用。**内通则积薪，积薪则燔柱。**孙诒让曰："内，当为'穴'，篆文相似而误。《墨子·备穴》篇云'古人有善攻者，穴土而入，缚柱施火，以坏吾城'，即穴攻之法也。"**陷队之士，面十八人。**陷队之士，陷队，勇敢陷陈之士，即今之敢死队。○严校："旧本'人'下有'之'字，'陷队'字倒，今依文谊删乙。"辙按，所见各本皆作"面十八人之队陷之士"。**知疾斗，不得斩首，队五人，则陷队之士，人赐爵一级，死则一人后，**得，当作"退"，篆文形近而讹。后，当作"复"，死则复其家。**不能死之千人环，**孙诒让曰："环，读为轘，声同字通。《说文·车部》：'轘，车裂人也。'"师辙按，千，为"干"字之讹。《说文》："干，犯也。"谓不死战之犯罪人，轘裂之，盖严刑重赏，以督军士力战也。又按，严校："今依文谊删乙。"或以为非，谓当从各本原文。盖此承上文攻穴之法而言。队，当作"隧"。《礼记·少仪》："申之面。"郑玄注："前也。"之，往也。得，如字。"不得斩首"句，言陷隧之士，先锋十八人往隧攻入之死士，只许急斗，不许斩首。盖以五人为一队，攻隧难，故以一人督之。十八人实分三队，陷隧赏重。每队五人，不以斩首计功。战胜，每人皆赐爵一级。前言得甲首赐爵一级，又言百将屯长得三十三首，皆赐爵一级，则攻隧赏重可知。盖所以激厉死士，故其罚亦特重。**规谏黥劓于城下**。规，各本作"规"，亦误。当从绵眇阁本作"规"。说，详《说民》篇。谏，诤也。《说文》："黥，墨刑在面也。"劓，刑鼻也。言规谏阻军者，黥劓于城下。**国尉分地，以中卒随之**。中卒，中军之卒。《左传》所谓"中权后劲"。此谓中军劲卒，随国尉督陈攻城。**将军为木壹，与国正监，与正御史，参望之**。陶云："壹，乃'台'字之误。谓构木为台，以便瞭望也。《左传》之'巢车'，《汉书·赵充国传》之'木樵'，皆此类。"师辙按，陶说是。参，三也。将军与国正监及王御史三人，望敌形势。王时润谓下"与"字衍。辙按，《论语》为"我与尔"，《释文》："及也。"下"与"字，当训"及"，非衍。○严校："范本下'正'字作'王'。"辙按，各本皆作"王御史"，盖秦王特派之御史。正，乃因上"正监"而误。**其先入者，举为最启**；辙按，启，各本皆作"□"。"启"乃严校所补。**其后入者，举为最殿。其陷队也，尽其几者。几者不足，乃以欲级益之**。陷队之士，死几人，则以所死几人应得之级，益其同队之奋斗者。陶云："队，读为隧，谓攻道也"，"欲，乃'次'字之误。级，属❶级也。此言国尉以徒校攻城，以最近之兵先进，不足，则以次近之兵益之。《墨子·杂守》'队有急，极发其近者往佐，其次袭其处'，法与此略同，但彼言守，此言攻耳"。

---

❶ "属"，陶鸿庆《读〈商君书〉札记》作"层"。

弱民第二十

民弱则国强，故以名篇。此篇多与《去强》篇相发明。

民弱国强，国强民弱。故有道之国，务在弱民。朴则强，淫则弱。弱则轨，淫则越志。弱则有用，越志则强。师辙按，当作"朴则弱，淫则强"，盖民朴守法则弱，民淫奢纵则强。轨，法则也。越，逾也。民弱则守轨法，民淫则志放纵。民朴弱则可用农战，民越志则强顽难制。或谓"轨"下有"法"字，以与"淫"字形近而夺。轨法，守法也。**故曰：以强去强者弱，以弱去强者强。**此二句，解见《去强》篇。

民，善之则亲，利之用则和。用则有任，和则匮，有任乃富于政。师辙按，"之用"二字颠倒。"匮"上当有"不"字。民，善抚之则亲上，利用之则和同。利用则能任使，和同则不匮乏。民能任使，则政成矣。**上舍法，任民之所善，故奸多。**上舍法而不用，任民之所好，则奸轨多。**民贫则力富，力富则淫，淫则有虱。**力富，求富也。力富则淫，当作"民富则淫"。**故民富而不用，则使民以食，出各必有力，则农不偷。**民富而不用则淫，故使民以食，令其所食者各必以力得之，则民不偷于农矣。《垦令》所谓"以其食口之数，贱而重使之，则辟淫游惰之民，无所于食，则必农"是也。或谓中二句当作"则使民以食出爵，各必以其力"，《靳令》篇"民有余粮，使民以粟出官爵，官爵必以其力，则农不怠"可证。《说文》："出，进也。"说亦通，存参。评校本"有力"作"有久"，误。**农不偷，六虱无萌**，萌，兆也。**故国富而贫治，重强**。师辙按，贫治，严校本作"民治"，误。今从绵眇阁本、吴本、评校本、程本、范本、四库本改正。《去强》篇有此文。严校本亦作"贫治"，不误。解详前。

兵易弱难强，民乐生安佚，死难难正，易之则强。《吕览·顺民》："汤克夏而正天下。"注："正，治也。"民情乐生安佚，使之战斗而死，甚难，故难治之。然能易改其性，使乐战斗，则兵强。严校非。○严校："死难难正。按，此句有误字。"**事有羞，多奸寡。赏无失，多奸疑。敌失，必利，兵至强威**。事有羞为，则群奸自退。赏无失当，则群奸惊惧。敌失其据，战必利，故兵强威。**事无羞，利用兵。久处利，势必王**。上文"事有羞"，对治内而言。此云"事无羞"，对御外而言。盖权谋应变，所以制敌，亦《孙子》"兵不厌诈"之意。久处，各本作"九处"，误。**故兵行敌之所不敢行，强；事兴敌所羞为，利。法有，民安其次；主变，事能得齐。国守安，主操权，利。故主贵多变，国贵少变**。《广雅》："次，舍也"，"齐，整也"。国有法度，则民安其居。主有权变，则事能得齐。国守安宁，则主操权利。故主贵多权谋，国贵少变故。

利出一孔，则国多物。出十孔，则国少物。陶校："一孔、十孔，当互易。元文本云：'利出十孔，则国多物。利出一孔，则国少物。'盖主任术，故贵多变。国任法，故贵少变。曰一孔，曰少物，皆与少变义同。故又云：'守一者治，守十者乱。'则'一''十'两字互误明矣。《去强》篇：'主贵多变，国贵少变。国多物削，少物强。'（今本'少物'上衍'主'字。）与此文有详略，义则一也。此文又云：'强则物来，弱则物去。'乃言少物则强，强则可以致物。多物则弱，弱反足以去物。二者之效，有如此耳。今本'一''十'两字之误，由浅人不达此旨，据下文窜易。"❶师辙按，陶说是也。物含事、物二义。多物谓事务纷更，少物谓政事专壹。下文"物来"，谓物资丰富。"物去"，谓物乏贫瘠，故致物丰者强，物流出者弱。**守一者治，守十者乱。治则强，乱则弱。强则物来，弱则物去。故国致物者强，去物者弱。**此与今日世界战争，言国家物产丰富者胜一例，此古今不易之论也。

民，辱则贵爵，弱则尊官，贫则重赏。以刑治民则乐用，以赏战民则轻死。故战事兵用曰强。民有私荣，则贱列卑官，富则轻赏。列，位也。**治民羞辱以刑，战则战。民畏死，事乱而战，故兵农怠而国弱。**治民威之以刑，使之战则战矣。若民畏死政乱，而使与敌国战，则必败。故兵农怠惰，则国弱。○严校："范本'怠'作'息'，误。"辙按，各本皆误作"息"。

农、商、官三者，国之常食官也。俞樾曰："食，衍字。"师辙按，俞说是。《去强》篇作"国之常官也"，可证

---

❶ 陶鸿庆《读〈商君书〉札记》"今本'少物'上衍'主'字"下有"说具本条"四字。

此误。**农辟地，商致物，官法民。**师辙按，严校本"商"下落"致"字，今据各本补。《说文》："法，刑也。"《广雅·释诂》："刑，治也。"农辟土地，商致百物，官治庶民，三者皆为国之不可缺。义详《去强》篇。**三官生虱六：曰岁，曰食，曰美，曰好，曰志，曰行。六者有朴必削。**此数句见《去强》篇。○严校："秦本'必'作'则'。"辙按，各本皆作"必"。**农有余食，则薄燕于岁。商有淫利，有美好，伤器。官设而不用，志行为卒。**燕，安也。淫，大也。《说文》："隶人给事者为卒。"《尔雅》，卒，尽也，又终也。农有余食，则偷安以卒岁。商有大利美好，则器物奢靡，故伤器。官设而不用，则志行日卑，如给事之隶。**六虱成俗，兵必大败。**

法枉治乱，《说文》："枉，衺曲也。"法枉，谓诎法。**任善言多。治众国乱，言多兵弱。法明治省，任力言息。治省国治，言息兵强。故治大国小，治小国大。**此二句见《去强》篇，各本作"法明省，任力言息。治者国治"，皆误。

政作民之所恶，民弱。政作民之所乐，民强。行政严刑罚，重战斗，虽民之所恶，然民畏威而不淫。行政尚宽厚，贵言谈，虽民之所乐，然民安逸而骄纵。**民弱国强，民强国弱。**○严校："旧本无'民弱国强'四字，从秦本增。又，国弱，范本作'国赢'，误，秦本作'国嬴'亦非，今依上下文改正。"辙按，各本皆作"民弱国嬴"。民之所乐民强，民强而强之，兵重弱。嬴，乃"羸"之误。《说文》："羸，瘦也。"《周语》："此羸者阳也。"韦注："羸，弱也。"此文当作"民强国羸"。下夺"民弱国强"一句。严、秦校虽知其误，但所改尚未的。**故民之所乐民强，民强而强之，兵重弱；民之所乐民强，民强而弱之，兵重强。**陶鸿庆云，此承上文而言，当作"政作民之所乐，民强国弱。民强而强之，兵重弱。政作民之所恶，民弱国强。民弱而强之，兵重强"，"'故'即'政'字之误，又多讹脱，则文义俱乖矣"。师辙按，陶校可备一说，存参。盖任民之所乐，乐则淫，淫则放荡，故民强。民强而不能遏其淫，则兵愈弱。民强而能遏其淫，则兵愈强矣。**故以强重弱，弱重强，王。**治民能强者弱之，弱者强之，则可以王。陶校谓当作"故以强重弱，削。以弱重强，王"也。**以强政强弱，弱存；以弱政弱强，强去。强存则弱，强去则王。故以强政弱，削；以弱政强，王也。**政，当作"攻"。《去强》篇云"以强攻强者亡，以弱攻强者王"可证。

　　明主之使其臣也，用之必加于功，赏必尽其劳。人主使其民，信此如日月，则无敌矣。吴本、绵眇阁本、评校本作"人主使其民，信如日月，此无敌矣"。程、范二本同，惟"信"下无"此"字，空一字。**今离娄见秋豪之末，不能以明目易人；乌获举千钧之重，不能以多力易人。圣贤在体性也，不能以相易也。**此六句见《错法》篇。严校本"明目"上夺"以"字，此据各本补。**今当世之用事者，皆欲为上圣，举法之谓也。**举，用也。陶校："皆，乃'若'之误。"**背法而治，此任重道远而无马牛，**○严校："秦本'马牛'字倒。"**济大川而无舡楫。**绵眇阁本、冯本，"舡"作"船"。师辙按，《说文》有"船"无"舡"，作"船"是。《广雅》："舡，舟也。"《说文》："楫，舟棹也。"今夫人众兵强，**此帝王之大资也。苟非明法以守之也，与危亡为邻。故明主察法，境内之民无辟淫之心**，辟，邪也。○严校："秦本'辟淫'字倒。"**游处之士迫于战陈，万民疾于耕战**，士，严校本作"壬"，疑误，今据各本改。或谓《尔雅》："壬，佞也。"言游说壬佞之人，以口舌求官。今迫之使战陈，则万民专力于农战。耕战，各本作"耕农"。**有以知其然也。楚国之民，齐疾而均速若飘风**，楚民僄悍，齐疾而均速，若飘风之至，言趫捷也。汪中《旧学蓄疑》云："'楚国之民，齐疾而均速'以下，乃《荀子·议兵篇》文。事在昭襄王三十六年，距商鞅之没凡七十四年。此系后人篡入。"**宛钜铁釶，利若蜂虿；胁蛟犀兕，坚若金石。**釶，《荀子·议兵篇》作"鉇"。杨倞注："宛，地名，属南阳。徐广曰：'大刚曰钜。'鉇，与'镻'同，矛也。"胁，两膀也。蛟，借为"鲛"。言楚兵持宛矛利若蜂虿，披鲛鱼犀兕之甲，坚若金石。○严校："范本'釶'作'拖'。"师辙按，各本皆作"拖"。"拖"乃假借，当以"铊"为正字。《说文》："铊，短矛也。"**江、汉以为池，汝、颍以为限。隐以邓林，缘以方城。**隐，蔽也。杨倞曰："邓林，北界邓地之山林。缘，绕也。方城，楚北界山名也。"**秦师至鄢郢，举若振槁，**杨倞曰："举谓举而取之。鄢郢，楚都。槁，枯叶也。谓白起伐楚，一战举鄢郢也。"**唐蔑死于垂涉，**垂涉，《荀子·议兵篇》作"垂沙"。杨倞注："垂沙，地名，未详所在。"《汉·地理志》沛郡有垂乡。岂垂沙乎？《史记》楚怀王二十八年："秦与齐、韩、魏共攻楚，杀楚将唐昧，取我重丘而去。"

昧与'蔑'同。"师辙按,垂涉,《韩诗外传》四、《淮南子·兵略》篇亦作"垂沙"。《楚策三》:"垂沙之事,死者以千数。"《史记》补《礼书》:"然而兵殆于垂涉,唐昧死焉。"《集解》:"许慎曰:垂涉,地名。"裴骃引许慎,当为《淮南子》注,然今本《淮南》作"垂沙",已非古本。《吕览·处方》篇:"齐令章子将而与韩魏攻荆,荆令唐蔑将而应之","与荆人夹比水而军(比,本或作'沘',旧本误作'泚')。章子令人视水可绝者,荆人射之,水不可得近。有刍水旁者,告齐候者曰:'水浅深易知。荆人所盛守,尽其浅者也。所简守,皆其深者也。'候者载刍者,与见章子。章子甚喜,因练卒以夜奄荆人之所盛守,果杀唐蔑"。独言比水,而不言垂涉。《水经注·比水(一本作'沘水',误)》,应劭曰:"比水出比阳,东入蔡。"辙按,《汉·地理志》,比阳属南阳郡,为今河南泌阳县西之沘源县(清唐县)。许慎注《淮南》,以垂涉为地名。杨倞本之,注垂沙而未详。又,疑为《汉志》沛郡之垂乡。以比水证之,知非其地。辙又疑垂涉非地名。盖章子涉水袭击而杀唐蔑,是唐蔑败死于将涉比水之时。垂涉,将涉也。涉、沙形近而讹。垂沙若果为地名,当在比水之滨。唐蔑,《史记·楚世家》及《年表》作"唐昧"。蔑、昧叠韵假借。据《史记》,唐昧,楚怀王时,当为商君后事,疑后人羼入。**庄蹻发于内,**杨倞云:"司马贞《索隐》曰:'庄蹻,楚将。言其起为乱后,楚遂分为四。'"(辙按,王先谦注《荀子》云:"《史记》引'三四'作'四参'。'参'与'三'同,《索隐》误以'参'字下属。")《韩子》曰:"楚王欲伐越。庄子曰:

'臣患目能见百步（辙按，"庄子"，《韩非·喻老》篇作"杜子"）而不见其睫。王之兵败于齐、晋，庄蹻为盗境内，不能禁，（辙按，今本作"庄蹊蹻"，疑"蹊"与"蹻"字形近而衍）而欲伐越，此智之如目也。'蹻初为盗，后为楚将。"师辙按，《吕览·异用》篇："跖与企足。"高诱注："企足，庄蹻也。皆大盗人名。"又《介立》篇："庄蹻之暴郢也。"高注："庄蹻，楚成王之大盗。郢，楚都。"梁玉绳云："《商子·弱民》篇、《荀子·议兵篇》、《韩诗外传》四、补《史记·礼书》，并有'庄蹻起而楚分'之语，皆不言在楚何时。《韩非·喻老》篇载，楚庄王欲伐越，杜子说曰'庄蹻为盗于境内'，以为在楚庄王时。而高氏以为楚成王时，则又在前，未知何据。若《史》《汉》则以蹻为庄王苗裔，在楚威王之世，而杜氏《通典·边防三》、马氏《通考·南蛮二》辨其误，以范史谓在顷襄王时为定。独《困学纪闻·考史》据《韩非》《汉书》以将军庄蹻与盗名氏相同，是二人，此未敢信。卢云（辙按，文弨）按，《后汉书·西南夷传》'楚顷襄王时，遣将军庄豪伐夜郎，因留王滇池'，杜氏言即庄蹻。《华阳国志·南中志》云：'楚威王遣将军庄蹻伐夜郎，克之，会秦夺楚黔中地，无路得返，遂留王滇池。'此本非楚之境内地。今此言'暴郢'，《韩非》言'为盗于境内'，《荀子》言'庄蹻起，楚分为三四'，皆与言将军事不合。《荀子》以唐蔑之死与蹻并言。按，秦杀唐昧，昧即蔑，在楚怀王二十八年，则蹻当威、怀时，亦可见此注或本作'威'，因形近而误'成'，未可知也。"师辙按，据《韩非子》及《吕览》高注，则庄蹻为商君前事。然细按之，庄蹻当为楚威、怀时。梁卢二氏所考甚当。故知"楚国之民"以下一段，乃后人羼入。汪容甫之言，甚确。**楚分为五。地非不大也，民非不众也，兵甲财用非不多也。战不胜，守不固，此无法之所生也，**师辙按，自"楚国之民"至此，与《荀子·议兵篇》文略同，当为后人羼入。附录《荀子》原文于下："楚人鲛革犀兕以为甲，鞈如金石，宛钜铁釶，惨如蜂虿，轻利僄遬，卒如飘风。然而兵殆于垂沙，唐蔑死，庄蹻起，楚分为三四。是岂无坚甲利兵也哉？其所以统之者非其道故也。汝、颍以为险，江、汉以为池，限之以邓林，缘之以方城，然而秦师至而鄢、郢举，若振槁然。是岂无固塞隘阻也哉？其所以统之❶非其道故也。"**释权衡而操轻重者。**○严校："按，'此'下有脱佚❷。"师辙按，陶校此句著于末，语意未了。严校本以为下有佚脱。今按上文"背法而治，此任重道远而无马牛，济大川而无舡楫也"，疑此八字当在"楫舡"之下，与上二句义一律。盖写者以脱句附说篇末，而校者失于移补耳。陶说近是。

---

❶ "其所以统之"，《荀子》原文"之"下有"者"字。
❷ "脱佚"，严万里校本作"佚脱"，义同。

□□第二十一

篇亡。师辙按，绵眇阁本作"御盗第二十一"。程本、评校本、吴本、冯本、范本、四库本、指海本俱作阙文。

外内第二十二

言民之外事莫难于战，内事莫苦于农，故以名篇。

民之外事莫难于战，吴本、程本、范本、合雅本、四库本、指海本无"莫"字，评校本有。**故轻法不可以使之。奚谓轻法？其赏少而威薄，淫道不塞之谓也。奚谓淫道？为辩知者贵，游宦者任，文学私名显之谓也。**宦，仕也。任，用也。**三者不塞，则民不战而事失矣。**三者谓辩知、游宦、文学私名之士。三者不塞，则农战不立，而事失矣。**故其赏少，则听者无利也。**听，从也。**威薄，则犯者无害也。故开淫道以诱之，而以轻法战之，是谓设鼠而饵以狸也，亦不几乎？**《广雅》："饵，食也，又诱也。"谓设计捕鼠，而以狸饵之，亦难几矣。绵眇阁本、吴本、程本、范本，"轻"上有"战"字。评校本空一字。合雅本"战"作"使"。**故欲战其民者，必以重法。赏则**

必多，威则必严，淫道必塞。为辩知者不贵，知，各本作"志"，误。游宦者不任，文学私名不显。赏多威严，民见战赏之多则忘死，见不战之辱则苦生。赏使之忘死，而威使之苦生，而淫道又塞，以此遇敌，是以百石之弩射飘叶也，何不陷之有哉？《说文》："弩，弓有臂者。"百石之弩，有力之弓也。以射飘叶，何不陷入之有，言其易也。

民之内事莫苦于农，故轻治不可以使之。苦，各本作"善"，非。奚谓轻治？其农贫而商富，故其食贱者钱重，食贱则农贫，钱重则商富，末事不禁，则技巧之人利，而游食者众之谓也。○严校："元本、秦本无'故食贱者'❶云云二十二字。范本附注篇末。"师辙按，各本皆作"其农贫而商富，技巧之人利"。篇末双行注云："'商富'下，一本有'故其食贱者，钱重食贱，则农贫，钱重则商富，则技巧'云二十五字。"冯本"云"作"去"。严校云："二十二字误。"故农之用力最苦，而赢利少，不如商贾、技巧之人。苟能令商贾、技巧之人无繁，则欲国之无富，不可得也。繁，多也。故曰：欲农富其国者，境内之食必贵，而不农之征必多，市利之租必重。征，召也。不力农者，多其征役。为市利者，重其租税。所以贱商而重农也。必重，各本作"太重"，非。则民不得无田，无田不得，不易其食。食贵则民不得不力田，不得田者，则不易得食。师辙按，各本皆作"田不得"，严校本多"无"字，盖

---

❶ "故食贱者"，严万里校本"故"下有"其"字。

卷五 ● 外内第二十二

163

因上文"无田"而衍，当删。**食贵则田者利，田者利则事者众。**事田者众。**食贵，籴食不利，而又加重征，则民不得无去其商贾、技巧，而事地利矣。故民之力尽在于地利矣。**

故为国者，边利尽归于兵，市利尽归于农。边境关市之利，皆归于兵，故兵强。国内商贾之利，尽归于农，故农富。**边利归于兵者强，市利归于农者富。故出战而强，入休而富者，王也。**休，息也。

君臣第二十三

古者未有君臣上下之时，民乱而不治。是以圣人列贵贱，制爵位，○严校："范本'制'下有'节'字。秦本'位'作'秩'。"辙按，各本与范本同。**立名号。以别君臣上下之义。地广，民众，万物多，故分五官而守之。**《史记·历书》："黄帝考定星历，建立五行，起消息，正闰余，于是有天地神祇物类之官，是谓五官。"张守节《正义》："应劭云：'黄帝受命，有云瑞，故以云纪官。春官为青云，夏官为缙云，秋官为白云，冬官为黑云，中官为黄云。'按，五帝置五官，各以物类名其职掌也。"陶校谓"民众"二字涉下而衍，当作"地广而万物多"，与"民众而奸邪生"相对成文。**民众而奸邪生，故立法制、为度量，以禁**

之。立法律制度，以禁其邪。为权度衡量，以禁其争。后代五官，常以吏、户、兵、刑、工五部以掌之。**是故有君臣之义、五官之分、法制之禁，不可不慎也。**法贵简要适时，然后能行，故立法当慎重。后世立法不慎，不能行者多矣。**处君位而令不行则危，五官分而无常则乱。法制设而私善行，则民不畏刑。**《韩非子·奸劫弑臣》篇："为私善，立名誉，以取尊官厚俸。"师辙按，"私善"谓假慈善而弛法要名。**君尊则令行，官修则有常事。法制明，则民畏刑。法制不明，而求民之行令也，不可得也。民不从令，而求君之尊也，虽尧、舜之知，不能以治。明王之治天下也，**明王，各本作"明主"。**缘法而治，按功而赏。**《广雅》："缘，循也。"**凡民之所疾战不避死者，以求爵禄也。**《广雅》："疾，急也。"**明君之治国也，士有斩首捕虏之功，必其爵足荣也，禄足食也。**《说文》："虏，获也。"斩首，冯本、程本作"战首"，误。**农不离廛者，足以养二亲，治军事，故军士死节，而农民不偷也。**《周礼·廛人》注："廛，民居区域之称。"师辙按，廛有市廛，有民廛。《孟子》："市廛而不征。"《管子·五辅》："市廛而不税。"此市廛也。《周礼·载师》："园廛二十而一。"《遂人》："夫一廛。"此民廛也。民廛，即乡里。农不离乡里，耕作于家，足以养亲，于国足以强兵。○严校："秦本'廛'作'里'。"

今世君不然，释法而以知，背公而以誉。故军士不战，而农民流徙。师辙按，徙，严校本作"徒"，误。今从各本。释，舍也。背，弃也。世君舍法度而尚知慧，弃实功而采虚誉，此军士之所以不战，而农民之所以流徙也。**臣闻道民之门，在上所先。**道，借为"导"，引也。民性无常，在上道之，故曰"道民之门，在上所先"。**故民可令农战，可令游宦，可令学问，在上所与。上以功劳与，则民战；上以诗书与，则民学问。民之于利也，若水之于下也，四旁无择也。民徒可以得利，而为之者，上与之也。**师辙按，民徒，当作"民徙"。此指上文农民流徙而言。陶鸿庆谓为"从"字之误，非也。或曰：徒，训为"但"，亦通。《广雅》："徒，袒也。"先大父曰："谓但也。《吕览·异用》'非徒网鸟也'。"**瞋目扼腕而语勇者得，垂衣裳而谈说者得，迟日旷久、积劳私门者得。尊向三者，无功而皆可以得，**《庄子·秋水》："昼出瞋目，而不见丘山。"司马注："瞋，张也。"扼，把也。《汉书·游侠传》❶："扼腕而进。"得，谓得其所欲也。尊，重也。向，《通训定声》云"亦以乡为之，字亦作向"，假借为"曏"。《庄子·庚桑楚》："向吾见若睫眉之间。"《吕览·察今》："向之寿民。"高注："曩也。"尊向三者，谓尊前三者。三者即上语勇者、谈说者、积劳私门者。**民去农战而为之。或谈议而索之，或事便辟而请之，或以勇争之。**索，求也。《荀子·王制》："事其便辟。"杨倞注："便辟，谓左右小臣亲信者也。"**故农战之民日寡，而游食者愈众。则国乱而地削，兵弱而主卑。此其所以然者，释法制而任名誉也。**

---

❶ "汉书游侠传"，据引文内容应作"史记刺客列传"为是。

故明主慎法制。言不中法者，不听也；行不中法者，不高也；事不中法者，不为也。不中法，犹言不合于法也。言中法则辩之，行中法则高之，事中法则为之。辩，借为"辨"，判也。《齐语》："判❶其功苦。"故国治而地广，兵强而主尊，此治之至也，人君者不可不察也。

禁使第二十四

言人主禁非使人，在于赏罚，故以名篇。

人主之所以禁使者，赏罚也。赏随功，罚随罪，故论功察罪，不可不审也。夫赏高罚下，而上无必知其道也，与无道同也。上不能深知赏高罚下之道，是与无道同也。《韩非子·八经》篇："赏罚必知之，知之，道尽矣。"凡知道者，势、数也。数，术也。凡知道者，知乘势操术也。故先王不恃其强，而恃其势。不恃其信，而恃其数。绵眇阁本、吴本、评校本作"先王不恃其强，而恃其信，恃其数"。程本、范本同，惟"信"下多空一字。各本皆有夺误，严本是。今夫飞蓬遇飘风而行千里，乘风之势也。探渊者知千仞之深，县绳之数也。《说文》："蓬，蒿也"，"渊，回水也"。《论语》："如临深渊。"孔安国注："渊，潭

---

❶ "判"，《国语·齐语》原文为"辨"。

也。"《说文》:"仞,伸臂一寻八尺也。"高诱、包咸、郑玄、王逸等皆谓七尺为仞。《类聚》八十二引"今夫"二句,少"遇"字。《御览》九百九十七引有"遇"字,"千里"下多"者"字。绵眇阁等本"探渊"作"深渊","绳"上夺"县"字。师辙按,《说文》:"县,系也。"俗字作"悬"。浅人不知"县"字之义,妄删。**故托其势者,虽远必至;守其数者,虽深必得。今夫幽夜山陵之大,而离娄不见。清朝日黪,则上别飞鸟,下察秋豪**,幽,暗也。离娄,离朱也。黪,他荇切。《说文》:"黄黑色也。"《广雅》:"黄也。"清朝日黪,言清晨日初出之时也。**故目之见也,托日之势也。得势之至,不参官而洁,陈数而物当**。《仪礼·大射》:"参七十。"注:"参,读为糁,杂也。"《荀子·不苟篇》杨惊注:"洁,修整也。"不参官而洁,言官不必多而事治也。物,事也。陶校谓"洁"为"絜"之误。絜,度也。**今恃多官众吏,官立丞、监**,郑樵《通志》:"秦置郡丞,其郡当边戍者,丞为长史掌兵马。"《汉书·百官公卿表》:"监御史,秦官,掌监郡。"各本"恃"上有"官"字。夫置丞立监者,且以禁人为利也。而丞监亦欲为利,则何以相禁?故恃丞监而治者,仅存之治也。**通数者不然也**。恃置丞立监以为治,非治之本也。通治术者不然也,各本"然"下无"也"字。**别其势,难其道**,别,分也。谓行政司法财政权画分,则其势难于贪,所谓"难其道"也。**故曰其势难匿者,虽跖不为非焉**。匿,藏也。跖,盗跖也。**故先王贵势**。故,严校作"或",误。今据绵眇阁各本改正。

或曰："人主执虚以应，则物应稽验，稽验则奸得。"师辙按，或曰，各本皆作"员曰"。员，乃"君"字之误。君、员叠韵，形亦相近。《更法》篇有"君曰"之文，下言"臣闻之"。此文用"君曰"，下亦有"臣以为不然"，正与"君曰"相对。严校从合雅本、秦本，妄改"或曰"，而不注范本作"员"，遂使后人不知误之所由，非是。合雅本作"或曰：人主执虚以应物，则稽验"，乃臆改。君谓秦孝公。孝公言人主执虚以应物，虚则澈然无障蔽，乃能稽验事物。能稽验事物，则奸可得矣。**臣以为不然**。商鞅谓执虚不足以应物。**夫吏专制决事于千里之外**，专制，绵眇阁本、程本、吴本、冯本、范本皆作"爵制"，合雅本作"受制"。**十二月而计书以定，事以一岁别计，而主以一听，见所疑焉，不可蔽，员不足**。《周礼·大宰》："岁终则令百官府各正其治，受其会，听其致事，而诏王废置。"郑注："会，大计也。"《晋语》："及蔽狱之日。"韦注："蔽，决也。"《说文》："员，物数也。"言吏专制断事于千里之外，计书已定，岁终始上，事已一岁，再届大计之时，而人主始一听断其事，见有可疑者不能决，以时久远，物数不足，不能考验故也。○严校："'不可蔽，员不足'，按，此有阙误。"师辙按，此二句不误。蔽训决，员训物数，则文义极明。由严氏未研稽，故以为误。又，员训有，亦通。《广雅·释诂》一："或员方云有也。"王念孙疏证："《书·秦誓》'虽则员然'，言虽则有然也。"此言狱不可决，物证有不足之故也。**夫物至则目不得不见，言薄则耳不得不闻。故物至则变，言至则论**。薄，迫也。变，借为辩，明也。此言人主听断政治，物至前则事明，言至前则论定。陶校："《后汉书·陈宠传》注：'论，决也。'"**故治国之制，民不得避罪，如目不能以所见遁心。**目所见则心知，故目不能逃心。**今乱国则不然，恃多官众吏。吏虽众，夫同体一也。同体一者相不可。**孙诒让曰："'同体一'上，疑脱'事'字，下文云'事合而利异'可证。'相'下当有'监'字，下文云'驺虞以相监不可'亦其证也。"师辙按，孙说是也。各本皆无"多官众"三字。合雅本作"夫同体一者，同利相为也"。**且夫利异而害不同者，先王所以为俸也。**俸，字书无，各本俱作"保"，亦非。师辙按，当作"禄"。言上之与吏，利异而害不同，故先王为之禄位，互相监察，使不得为奸。或曰为"保"，使官吏互相保证，一人犯奸，相连坐罪。**故至治，夫妻交友不能相为弃恶盖非，而不害于亲，民人不能相为隐。**弃，捐也。盖，掩也。至治之世，夫妻交友，不能相为捐除其恶，掩饰其非。故虽亲何害，以法律明，而民人不能相隐蔽故也。**上与吏也，事合而利异者也。**"事合"谓上思用人，下思得官。"利异"谓上欲其吏廉，而吏则欲富。是事合而利异也。**今夫驺虞以相监不可，事合而利异也。**合雅本作"今夫驺虞以相监皆善也"，下接"若使马焉能言"。《左传·襄公二十三年》："孟氏之御驺。"孔疏："掌马之官，兼掌御事，谓之御驺。"贾子《礼》："虞者，囿之司兽者也。"盖掌马之官，与司兽之官，职务仍同体，故不可以相监。利异，当作"利同"。言其事合而利同之故。□□□□□□□□□□□□□□□□吴本、崇文本无缺文十六字。下文"若使马，马能焉"，作"若使马，焉能言"，义亦不可通。**若使马，马能焉，则驺虞无所逃其恶矣，利异也。**师辙按，此篇"自今夫驺虞以相监不可"以下，文多夺误难通。俞樾谓《毛传》以驺虞为义兽，而《周官·钟师》疏曰："今《诗》韩、鲁说，驺虞，天子掌鸟兽官。"以此书证之，则韩、鲁说亦古义。惟"事合而利异"，当作"事合而利同"。商君之意，盖以驺、虞两职，事合利同，不可使之相监，恐其互相容隐也。故必马能言，始无所逃恶。下文云"吏之与吏，利合而恶同"是其明证也。"马焉"之"焉"，当为衍文，即马字之误而衍者。或疑是《说文》"焉鸟"之本义。然焉之与马，既非一类，合称马焉，于古无征，殆不可用云云，其说亦牵强。**利合而恶同者，父不能以问子，君不能以问臣。吏之与吏，利合而恶同也。**利合谓交相为利，事同谓所恶相同。**夫事合而利异者，先王之所以为端也。**上之与吏，事合而利异，故先王为之端正其本，使之不相欺，盖法度立则本端矣。**民之蔽主，而不害于盖，贤者不能益，不肖者不能损，故遗贤去知，治之数也。**言先王禄位法度既定，民虽欲蔽主，而不能掩盖其非。言贤者不能益，不肖者不能损故也，是以遗贤去知，治国之术也。○严校："秦本'去'作'弃'。"

慎法第二十五

治国慎于用法。

凡世莫不以其所以乱者治，故小治而小乱，大治而大乱，人主莫能世治其民，世无不乱之国。奚谓以其所以乱者治？夫举贤能，世之所治也，而治之所以乱。举贤能，世之所以治也。而不知所以治者，正所以乱之。陶校："所治，当依上文作'所以治'。"世之所谓贤者，言正也。所以为善正也，党也。世之所谓贤者，言其正直也。彼善正之称，徒党誉之也。听其言也，则以为能，各本"以"作"公"。问其党以为然，故贵之不待其有功，诛之不待其有罪也。此其势正使污吏有资，而成其奸险。势，各本俱作"执"，乃"埶"字之误。崇文本作"埶"，未误。小人有资，而施其巧诈。初假吏民奸诈之本，而求端悫其末，禹不能以使十人之众，庸主安能以御一国之民？假，借也。悫，诚悃也。庸，常也。彼而党与人者，不待我而有成事者也。党人互相延誉，欺其君以求禄位，其权不操于上，故曰"不待我而成事"。上举一与民，民倍主位而向私交。《礼记·儒行》郑注："举，用也。"《左传》："举人之壹也。"《礼记·大学》："而民不倍。"郑注："倍，弃也。"民倍主位而向私交，此句各本无"民"字。则君弱而臣强。君人者不察也，非侵于诸侯，必劫于百姓。○严校："范本'劫'作'却'。"辙按，各本皆作"却"，独崇文本同严本不误。**彼言说之势，愚智同学之，士学于言说之人，则民释实事而诵虚词。民释实事而诵虚词，则力少而非多。君人者不察也，**陶校："非，当为'言'字之误。"《弱民》篇："法枉治乱，任善言多。"**以战必损其将，以守必卖其城。**以城卖与敌也。

故有明主忠臣，产于今世，而散领其国者，不可以须臾忘于法。师辙按，散，当"斅"之讹。斅，借为"乱"，治也。《文选·北征赋》："聊须臾以婆娑。"注："须臾，少时也。"〇严校："按，'散'字误。秦本作'能'，亦非。"辙按，各本"不可"下无"以"字，程、范二本空一字。又，各本俱无"法"字，乃连下为句。**破胜党任，**《易·系辞》虞翻注："胜，灭也。"《尔雅》："任，佞也。"**节去言谈，任法而治矣。使吏非法无以守，则虽巧不得为奸。使民非战无以效其能，则虽险不得为诈。夫以法相治，以数相举者，不能相益，訾言者，不能相损。**师辙按，举，当作"誉"。下文云"相誉无益"，可证"举"字之误。言以法治，则以术相誉者，不能相益。以言相訾者，不能相损。**民见相誉无益，相管附恶。见訾言无损，习相憎而不相害也。**管，借为"逭"，逃也。习，狎也。憎，恶也。民见相誉无益，故相避附恶。见訾言无损，故狎相恶而不相害。**夫爱人者不阿，憎人者不害，爱恶各以其正，治之至也。**《左传》："阿下执事。"注："阿，比也。"**臣故曰：法任而国治矣。**

千乘能以守者，自存也；万乘能以战者，自完也。能守能战，乃能自存自完。**虽桀为主，不肯诎半辞以下其**

敌。《广雅》："绌，屈也。"外不能战，内不能守，虽尧为主，不能以不臣谐所谓不若之国。《尔雅》："谐，和也"，"若，善也"。《左传》："不逢不若。"言以尧为主，不能不臣服于求和所不善之国。孙诒让曰："明刻本、孙、钱及严可均本，'谓'字并在'所'字上，是也。惟严万里本如是，疑臆改。以文义考之，'谐调'之误。"师辙按，万里，即可均。知可均所见本，实作"谐谓"，后臆改而不言。余发见者多处，皆严氏改误，可见校勘之难。改时当注明原作某，以待后人之考证。按，绵眇阁本、吴本、程本、评校本、范本、四库本，"谓"字皆在"所"字上。孙说是也。自此观之，国之所以重，主之所以尊者，力也。力，谓农战。于此二者力本，而世主莫能致力，何也？二者，谓国重主尊，皆以农战为本。使民之所苦者无耕，危者无战，无耕、无战，犹言无如耕、无如战也。二者，孝子难以为其亲，忠臣难以为其君。耕、战二者，危苦之事，为忠臣孝子之所难。今欲殴其众民，与之孝子忠臣之所难，臣以为非劫以刑而殴以赏莫可。殴，《说文》古文"驱"字。《孟子》："为汤武殴民者，桀与纣也。"而今夫世俗治者，刘瓛《孝经注》："夫，犹凡也。"莫不释法度而任辩慧，后功力而进仁义，民故不务耕战。彼民不归其力于耕，即食屈于内；不归其节于战，则兵弱于外。《荀子·王制》："财物不屈。"注："屈，竭也。"陶校读"屈"为"绌"，亦通。《荀子·王霸》："士大夫莫不敬节死制。"注："忠义也。"务，各本皆作"触"。"触"字本通，严校妄改，下同。入而食屈于内，出而兵弱于外，虽有地万里，带甲百万，与独立平原一贯也。《尔雅》："贯，事也。"○严校："元本、范本无'贯'字。"师辙按，绵眇阁本、吴本、评校本、钱本、崇文本，皆无"贯"字。程本、范本、四库本，"一"下空一字，严氏据秦本妄增"贯"字，非也。且先王能令其民蹈白刃，被矢石。其民之欲为之，非如学之，所以避害。蹈，践也。《中庸》："白刃可蹈也。"被，犹受也。故吾教令：民之欲利者，非耕不得。避害者，非战不免。境内之民莫不先务耕战，而后得其所乐。故地少粟多，民少兵强，能行二者于境内，则霸王之道毕矣。二者谓耕、战，毕尽也。

定分第二十六

为之法令，以定名分，则民不争。

公问于公孙鞅曰："法令以当时立之者，明旦欲使天下之吏民，皆明知而用之，如一而无私，奈何？"公，秦孝公也。

公孙鞅曰："为法令，置官吏，"吏"上各本有"置"字。朴足以知法令之谓者，以为天下正，则奏天子。天子各则主法令之，则主法令之，皆降受命发官。严校本作"天子则各主法令之，皆降受命发官"，系以意删改，兹据各本改正。朴，质也。《吕览·顺民》："汤克夏而正天下。"注："正，治也。"《广雅》："主，守也。"各则之"则"，"则"乃"明"字之误。《礼记·礼运》："百姓则君以自治也。"郑注："则，当作'明'。"此同一例。"则主法令之"下，当依下文增"民"字。发，遣也，往也。发官，遣之官，即今所谓赴任。商君言为法令，置官、置吏，须选性质聪慧，能知法令之词意者，以治天下。则奏上天子，天子各明使主法令。主法令之人，皆降拜受命赴官。**各主法令之民，敢忘行主法令之所谓之名，各以其所忘之法令名罪之。**之名，"名"字绵眇阁本作阙文，吴本、评校本、程本、范本、四库本皆作"之各"。所忘，各本皆作"所志"，严妄改，不注明，非。民，犹人也。所谓"之各"，所说法令之各条文也。志，记也。各主法令之人，有误用所主法令各条，即以各以其所记错误罪名罪之。**主法令之吏，有迁徙物故者，则辄使学读法令所谓，为之程式，使日数而知法令之所谓，不中程，为法令以罪之。**徙，严校本作"徒"，误，今依各本改正。各本"故"下衍"之"字，绵眇阁本无"之"字，有"者则"二字。严校本无，今据补。法令所谓，犹言法令所说之意。主法令之吏，有迁官病故者，则使继任之人学习法令，为之程式，定以期限，学成任事。干犯程式者，则为法令以罪之。不中程，各本皆作"千中程"。按，千，疑"干"字之讹。干，犯也。**有敢剟定法令损益一字以上，罪死不赦。**《广雅》："剟，削也。" **诸官吏及民，有问法令之所谓也，于主法令之吏，皆各以其故所欲问之法令明告之。**吏民有不明法令之意义者，以问主法令之吏。主法令之吏，当就其所问，详明告之。**各为尺六寸之符，明书年月日时，**

所问法令之名，以告吏民。主法令之吏不告，及之罪，而法令之所谓也，皆以吏民之所问法令之罪，各罪主法令之吏。符，信也。以竹为之，剖为二，相合以为契验。告吏民所问之法令，书于尺六寸之符，并注明年月日时，以左券与之。若主法令之吏不告，问法令者犯罪，则以所问之罪名，反坐主法令之吏。绵眇阁本、奇赏本"主法令之吏"至"所谓也"十七字，作"主法令之吏，不告吏民之所问法令之所谓"，文义亦通，疑臆改。各本皆同严校本。即以左券予吏之问法令者，主法令之吏谨藏其右券木柙，柙，严校本作"押"，误。今从各本。柙，匮也。以室藏之，封以法令之长印。即后有物故，以券书从事。

法令皆副置，法令皆置副本。一副天子之殿中。为法令，为禁室，有铤钥为禁而以封之，内藏法令，孙诒让曰："铤，当为'键'。《方言》云'户钥自关而东，陈、楚之间谓之键，自关而西谓之钥'。"一副禁室中，封以禁印。有擅发禁室印，及入禁室视禁法令，及禁剟一字以上，罪皆死不赦。孙诒让曰："禁剟，当作'剟禁'。《说文·刀部》：'剟，刊也。'谓刊削禁令之字。上文云'有敢剟定法令损益一字以上，罪死不赦'。"一岁受法令以禁令。每岁吏民受法令，以禁室法令为准。○严校："诸本'以禁令'三字，并作阙文，此据秦本增。"师辙按，程、范二本，有三阙文。绵眇阁本及吴、冯二本，无此三字。

天子置三法官，殿中置一法官，御史置一法官及吏，丞相置一法官。殿中，少府所主。《通典》："秦置六尚，谓尚冠、尚衣、尚食、尚沐、尚席、尚书，若今殿中之任。"

岳珂《媿郯录》："秦世少府遣吏四人在殿中主发书，故谓之尚书。"《通典》："御史大夫，秦官，侍御史之率，故称大夫。"又云："秦以御史监郡，谓之监御史。"师辙按，御史监郡，故置一法官及属吏。《史记·秦本纪》："武王二年，初置丞相，樗里疾、甘茂为左右丞相。"师辙按，商君在秦武王前廿余年，是丞相之官，不自武王始置。盖武王始置左右丞相耳，子长误。**诸侯郡县皆各为置一法官及吏，皆此秦一法官**。孙诒让曰："皆此秦一法官，'此'当作'比'，形近而误。言诸侯郡县之法官，其职秩吏属，与秦国都法官同也。"**郡县诸侯，一受宝来之法令学问并所谓。吏民知法令者，皆问法官**。孙诒让曰："宝来，当作'禁室'。今本'禁'讹为'来'，'室'讹为'宝'，又颠倒其文，遂不可通。上文云'为法令，为禁室'可证。"师辙按，宝来，疑禁室之名。孙说迂。又，孙氏以"一受宝来之法"为句读，亦非。按，当至"并所谓"绝句。言郡县诸侯，皆受宝来之法令学问并其意义，其吏民欲知法令者，皆问法官。**故天下之吏民，无不知法者。吏明知民知法令也，故吏不敢以非法遇民**，各本作"非理法遇民"，多"理"字，疑严校据下文删。**民不敢犯法以干法官也**。《说文》："干，犯也。"干，各本作"有"，亦通。**遇民不修法，则问法官**，孙诒让曰："修，当为'循'。经典脩、循通用❶，隶书脩、循二字形略同，传写多互讹。"师辙按，孙说是也。**法官即以法之罪告之，民即以法官之言正告之吏。吏知其如此**，各

---

❶ "经典脩循通用"，孙诒让《札迻》原作"经典脩修通用"。

本作"公知其如此"。师辙按,"公"字不误。公谓公众也,包吏民而言,义较长。**故吏不敢以非法遇民,民又不敢犯法。如此,天下之吏民虽有贤良辩慧,不能开一言以枉法;天下之吏民,**绵眇阁本、吴本、冯本无"民"字。程、范二本"吏"下作阙文。**虽有千金,不能以用一铢。**十黍之重为絫,十絫曰铢,二十四铢曰两。**故知诈贤能者皆作而为善,皆务自治奉公。**作,起也。**民愚则易治也,**民,各本作"曰",误。**此所生于法,明白易知而必行。**

法令者,民之命也,《北堂书钞·刑法》一引作"立法令者民之命"。唐赵蕤《长短经·适变》篇引"民"作"人",盖避唐太宗之讳。**为治之本也,所以备民也。**备,犹防也。法所以卫民。**为治而去法令,**《群书治要》卷三十六、《太平御览》卷六百三十八引无此句。"有智者不得过,愚者不得不及,名分不定,而欲天下之治"四句,当据补。**犹欲无饥而去食也,**《治要》《御览》作"是犹无饥而去食"。**欲无寒而去衣也,欲东西行也,**《治要》"东"下有"而"字。日本细井德民校本《群书治要》无"欲东而西行也"一句。《御览》作"欲至东而西行"。**其不几亦明矣。**几,冀也,望也。《左传》:"庸可几乎。"**一兔走,百人逐之,**《治要》作"百人追之"。《长短经·理乱》篇引《商子》作"而百人逐之",《御览》同。《适变》篇又引,无"而"字。**非以兔可分以为百,由名分之未定也。**此二句,严校本及各本俱作"非以兔也"一句。今据《长短经·适变》篇引改正,增十一字。《治要》引同,惟"兔"下多"为"字,"名"下少"分"字。《御览》引作"兔一可以分百也，由名之未定也"，可证今本夺误。**夫卖兔者满市，**此据《治要》《长短经》补"兔"字。《御览》作"夫卖兔在市"。**而盗不敢取，由名分已定也。故名分未定，尧、舜、禹、汤且皆如骛焉而逐之。**如骛焉，各本皆作"如物"。骛，《字汇》："亡遇切，驱驰奔联也。"师辙按，"骛"为"鹜"之俗字。《说文》："鹜，乱驰也。"物、骛声近而讹。《治要》《长短经》皆作"加务焉而逐之"。**名分已定，贫盗不取。**《治要》"贫"作"贪"。《长短经》作"则贫盗不敢取"。**今法令不明，其名不定，天下之人得议之。其议人异而无定。**法令不明，则罪名不定，天下之人乃能随意而议之，故言人人殊，以其无标准也。**人主为法于上，下民议之于下，是法令不定，以下为上也。**为上，各本作"为正"。**此所谓名分之不定也。夫名分不定，尧、舜犹将皆折而奸之，而况众人乎？**《广雅》："皆，同也。"折，曲也，下也。言名分不定，虽以尧、舜之贤，犹将降节而为奸，而况庸众乎。**此令奸恶大起，人主夺威势，亡国灭社稷之道也。**夺，《说文》："手持佳失之也。"先大父曰："既得而失去也。"**今先圣人为书而传之后世，必师受之，乃知所谓之名。不师受之，而人以其心意议之，至死不能知其名与其意。**先圣人之书，尚须师受，乃能知其书所谓之名词。若无师受，以心意解释，至死犹不能知其名词，与其意义，而况于法律乎。**故圣人必为法令，置官也，置吏也，为天下师，**《长短经·适变》篇无"为天下师"四字。**所以定名分也。名分定，则大诈贞信，民皆愿悫，而各自治也。**愿，谨也。悫，诚也。《治要》《长短经》

作"巨盗愿悫"。故夫名分定，势治之道也。名分不定，势乱之道也。故势治者不可乱，世乱者不可治。夫世乱而治之愈乱，势治而治之则治，故圣王治治不治乱。师辙按，二"世"字俱当作"势"。《治要》三十六、《长短经·理乱》篇引作"故势治者不可乱也，势乱者不可治也。夫势乱而治之愈乱矣，势治而治之则治矣，故圣人治治不治乱也"，当从之。

夫微妙意志之言，上知之所难也。微言奥旨，上知所难知。夫不待法令绳墨，而无不正者，千万之一也。故圣人以千万治天下。不待法令绳墨而正者，千万人中不过一人耳。故圣人立法令以为标准，使千万人皆知之，是以千万治天下也。故夫知者而后能知之，绵眇阁本无"能"字。不可以为法，民不尽知。贤者而后知之，不可以为法，民不尽贤。故圣人为法，必使明白易知，正名，愚知遍能知之。《论语》："必也正名乎。"圣人立法，必使明白易知。正其名，故愚知皆知之。《治要》作"故圣人为民法"，无"名正"二字。《长短经》作"圣人为人作法，必使明白易知，愚智遍能之"。为置法官，置主法之吏，以为天下师，令万民无陷于危险。故圣人立天下而无刑死者，非不刑杀也，《治要》《长短经》"非"下有"可刑杀而"四字。行法令，明白易知，为置法官吏为之师以道之知。道，借为"导"。万民皆知所避就，避祸就福，而皆以自治也。故明主因治而终治之，故天下大治也。明主因人民之自治，顺其道而治之。所谓圣王治治，故天下能大治也。《治要》《长短经》俱作"万人皆所以避祸就福，而皆自治也。明主因治而治之，故天下大治也"。

附录卷一

严万里《商君书》新校正序

《商君书》二十九篇，今二十六篇，又亡其二，实二十四篇。旧刻多舛误不可读，余参稽众本，又旁搜群籍，勘正其纰缪，而疑其不可考者，然后焉马鲁鱼，十去三四，乃缮写一编，归诸插架。序之曰：太史公为鞅传，载鞅始见孝公，语未合。鞅曰："吾说公以帝道，其志不开悟。又说以王道而未入。"似鞅亦明于帝王之道，不得已而重自贬损，出于任法之说者。及观所为《商君书》，而知鞅实帝王之罪人。吾不知其始见而再不用者，作何等语也。夫天之生，一治一乱。治之极则生乱，乱之极则思治。帝王者，所以拨乱世反之治，岂别有迂阔久远、不近情之道哉？亦为救民于水火、与天下更始而已。是故轻刑罚，薄税敛，使四民各安其业。于是为之兴礼乐，崇《诗》《书》，涵育于善化，修其孝弟诚信，养其贞廉，相与宅乎仁而由乎义。盖拯其所苦，予其所乐，而人心归之，天命归之。尧、舜之揖让，汤、武之征诛，其事不同，其道一也。由是者治，反是者乱。故曰："学帝不成者王，学王不成者霸，学霸不成者亡。"盖以力服人，力竭而变生；以德服人，德成而化盛。帝王之道，顺人之性，而相与安之，故能享国久长，而天下食其福。今鞅之书曰:"王者刑九赏一。"又曰:"六虱者,礼、乐,《诗》《书》,修善,孝弟,诚信,贞廉,仁义,非兵,羞战。国有十二者,必贫至削。"於乎!是直与帝王之道为寇仇而已矣。彼不计势之必穷,而纽于说之易售。其处心积虑,偏怙其法之必行,束缚之,驰骤之,招之以告讦,罗之以连坐,壹之以农战。以坐收其富强之实,而不顾元气尽削。胥秦人已化为虎狼,而孝公不悟也。数传至始皇,益不悟也。席其成业,遂能鞭挞九有,横噬六合。于是山东戍卒,揭竿一呼,而秦瓦解矣。向使鞅能坚持其帝王之道,将不见用,用而其效或不如任法之速,而秦久安长治矣。然而鞅安知所谓帝王之道也?伪也。彼不过假迂远悠谬之说,姑尝试之,而因以申其任法之说,而讵知亡其身以亡人国乎?夫帝王之道,无近功,亦无流弊,故君子断不舍此而取彼也。或曰:"审若是,宜遏绝其说,而顾校正之,可乎?"曰:是书自《汉志》以来,著录久矣,但使后之君若臣读是书者,谈虎色变,则鞅之毒输于秦,而功及于后世为不少矣。夫荀卿明王道,一传至李斯,而焚书坑儒。商鞅语帝王,再不用于孝公,而灭法乱纪。则夫士之抗言高论,或不幸而见用于世。吾焉保其末路之不至斯极也,又谁得尽废其书哉?西吴严万里叔卿撰。乾隆五十八年,岁在癸丑仲冬月吉书。

严万里《商君书》附考

《史记·商君列传》太史公曰:"余尝读商君《开塞》《耕战》书,与其人行事相类。卒受恶名于秦,有以也夫。"

《汉书·艺文志》法家:"《商君》二十九篇。"(本注曰:名鞅,姬姓,卫后也,相秦孝公,有《列传》。)

《诸葛亮集》先主遗诏敕后主曰:"读《汉书》《礼记》,闲暇历观诸子及《六韬》《商君书》,益人意知。"

《隋书·经籍志》法部:"《商君书》五卷,秦相卫鞅撰。"

《旧唐书·经籍志》法家:"《商君书》五卷。"

《新唐书·艺文志》法家:"《商君书》五卷,商鞅撰。或作《商子》。"

司马贞《史记索隐》曰:"按,《商君书》,开谓刑严峻则政化开,塞谓布恩赏则政化塞,其意本于严刑少恩。又为田开阡陌,及言斩敌首赐爵,是耕战书也。"

《通志·艺文略》法家:"《商君书》五卷,秦相卫鞅撰。汉有二十九篇,今亡三篇。"

《郡斋读书志》法家类："《商子》五卷，右秦公孙鞅撰。鞅，卫之庶孽，好刑名之学。秦孝公委以政，遂致富强。后以反诛。鞅封于商，故以名其书。本二十九篇，今亡者三篇。太史公既论鞅刻薄少恩，又读鞅《开塞》书，谓与其行事相类，卒受恶名，有以也。《索隐》曰：'开谓刑严峻则政化开，塞谓布恩惠则政化塞。'今考其书，司马贞盖未尝见之，妄为之说耳。《开塞》乃其第七篇，谓道塞久矣，今欲开之，必刑九而赏一。刑用于将过，则大邪不生。赏施于告奸，则细过不失。大邪不生，细过不失，则国治矣。由此观之，鞅之术无他，特恃告讦而止耳。故其法不告奸者与降敌同罚❶，告奸者与杀敌同赏。此秦俗所以日坏，至于父子相夷，而鞅不能自脱也。太史公之言，信不诬也。

周氏《涉笔》曰："《商鞅书》亦多附会后事，拟取他辞，非本所论箸❷也。其精确切要处，《史记·列传》包括已尽。今所存大抵汛❸滥淫辞，无足观者。盖有地不忧贫，有民不忧弱，凡此等语，殆无几也。此书专以诱耕督战为本根。今云'使商无得籴，农无得粜。农无粜，则窳惰之农勉；商无籴，则多岁不加乐'，夫积而不粜，不耕者诚困矣，力田者何利哉。暴□❹如丘山，不时焚烧，

---

❶ "故其法不告奸者与降敌同罚"，民国二十五年上海中华书局排印《四部备要》本《商君书》五卷附考作"故其治不告奸者与降敌同罚"。
❷ "箸"，马端临《文献通考·经籍考》卷三九作"著"。
❸ "汛"，马端临《文献通考·经籍考》卷三九作"泛"。
❹ "□"，马端临《文献通考·经籍考》卷三九作"露"。

无所用之。《管子》谓'积多而食寡，则民不力'，不知当时何以为余粟地也。贵酒肉之价，重其租令十倍其朴，其商估少而农不酣，然则酒肉之用废矣。凡《史记》所不载，往往为书者所附合，而未尝通行者也。秦方兴时，朝廷官爵，岂有以货财取者，而卖权者以求货，下官者以冀迁，岂孝公前事邪？"

《直斋书录解题》杂家类："《商子》五卷。秦相卫鞅撰。《汉志》二十九篇，今二十八篇，又亡其一。"

《文献通考·经籍》杂家："《商子》五卷。"

《宋史·艺文志》杂家类："《商子》五卷。"

严万里本《商君书》总目

第一卷　更法第一　垦令第二　农战第三　去强第四

第二卷　说民第五　算地第六　开塞第七

第三卷　壹言第八　错法第九　战法第十　立本第十一　兵守第十二　靳令第十三　修权第十四

第四卷　徕民第十五　刑约第十六（篇亡）　赏刑第十七　画策第十八

第五卷　境内第十九　弱民第二十　□□第廿❶一（篇亡）　外内第廿二　君臣第廿三　禁使第廿四　慎法第廿五　定分第廿六

按，隋唐《志》及唐代注释家征引，并作《商君书》，不曰《商子》，今复其旧称。又其篇帙，《汉志》"二十九篇"，《读书志》"今亡者三篇"，《书录解题》"今二十八篇，又亡其一"。是宋本实二十六、二十七篇。余得元镌本，始《更法》，止《定分》，为篇二十六，中间亡篇二：第十六、第二十一，实二十四篇，与今所行范钦本正同。后又得秦四麟本，颇能是正谬误，最为善本，其篇次亦同。因以知宋无镌本，或有之，而流

---

❶ "廿"，严万里校本《商君书总目》作"二十"，下同。

传不广，故元时已有所亡失也。旧本缺总目，范本有，今遂录为一篇，冠诸卷首云。叔卿书。

绵眇阁本《商子》评语二条

《黄氏日钞》（卷五十五❶）：《商子》者，公孙鞅之书也。始于垦草❷，督民耕战。其文烦碎，不可以句，至今开卷于千载之下，犹为心目紊乱，况当时身被其祸者乎？然殿中与御史之号，实用此书。事必问法官，亦出此书。后世一切据法为断者，亦合省所自出矣。或疑鞅亦法吏之有才者，其书不应烦乱若此。真伪殆未可知。（原注云："书以《诗》、《书》、礼、乐、善、修、仁、廉、辨、惠十者，皆避农战而禁之。"师辙按，据《农战》篇，"辨惠"当作"辨慧"。）❸

杨慎《丹铅录》曰❹："《管子》曰：'野与市争民，金粟争贵。'又曰：'狄诸侯，亩钟之国也，故国十

---

❶ "卷五十五"，绵眇阁本《商子》评语无此四字，当为朱师辙按语。

❷ "始于垦草"，绵眇阁本《商子》评语作"其书始于垦草"、《黄氏日钞》作"始于垦章"。

❸ 绵眇阁本《商子》评语无此句，朱师辙据《黄氏日钞》补，并作按语。

❹ "杨慎《丹铅录》曰"，绵眇阁本《商子》评语作"杨用修《丹铅总录》曰"。

钟而锱金❶。程诸侯，山东之国也，故粟五釜而锱金。'《商子》曰：'金生而粟死，粟死而金生。金一两生于境内，粟十二石死于境外。粟十二石生于境内，金一两死于境外。国好生金于境内，则金粟两死，仓府两虚，国弱。好生粟于境内，则金粟两生，仓府两盈，国强。'《管》《商》皆功利之流，故其术先后若合符，然其文亦不易及矣❷。"

---

❶ "故国十钟而锱金"，绵眇阁本《商子》评语、《丹铅总录》作"故粟十钟而锱金"。

❷ "矣"，绵眇阁本《商子》评语、《丹铅总录》作"也"。

孙星衍《廉石居藏书记》商子跋

右《商子》五卷，绵眇阁所刻《先秦诸子》本。又有程荣校本，在《汉魏丛书》。又有吴勉学刊本。又有二卷本，以《更法》至《修权》为卷上，《来民》至《定分》为卷下，朱蔚然校刊。余从朱舍人文翰借郑寀刊本，合四本校之，各有所长，惜无宋本可校矣。其文证之《太平御览》之文，似此书为后人有节删之处。诸子书由后人追辑，惟《墨子》《商子》，由其手定。其反复详明，真三代以前古书，并非伪作，急宜校付剞劂云。

钱熙祚《商子》跋

　　《商子》二十四篇，词多重复，疑后人割裂以充篇数。然文义精深，非先秦人不能作。如《来民》篇云"地方百里者，山陵处什一，薮泽处什一，溪谷流水处什一，都邑蹊道处什一，恶田处什一，良田处什四"，可证《王制》"山陵、林麓、川泽、沟渎、城郭、宫室、涂巷三分去一"之语。《弱民》篇云"唐蔑死于垂沙，庄蹻发于内，楚分为五"，可证《战国策》"垂沙之事，死者以千数"。唐蔑，即唐昧。秦、齐、韩、魏败楚于重丘，杀唐昧，事在楚怀王二十八年。而鲍、吴二氏，并不能注，且列其文于威王时，疏谬甚矣。惜其书自宋以前，征引寥寥，错简误字，无从是正。今姑就其可知者正之，以俟知者。《晋书·庾峻传》云："有处士之名，而无爵列于朝者，商君谓之'六蝎'，韩非谓之'五蠹'。"今检《靳令》《弱民》二篇，并有"六虱"，而无"六蝎"，岂"蝎"误为"虱"耶？抑逸篇中别有"六蝎"之文耶？金山钱熙祚锡之甫识。

附录卷二

《战国策·秦策一》：卫鞅亡魏入秦。孝公以为相，封于商，号曰商君。商君治秦，法令至行，公平无私，罚不讳强大，赏不私近亲，法及太子，黥劓其傅。期年之后，道不拾遗，民不妄取，兵革大强，诸侯畏惧。然刻深寡恩，特以强服之耳。孝公行之十八年，疾且不起，欲传商君，辞不受。孝公已死，惠王代后，莅政有顷，商君告归。人说惠王曰："大臣太重者国危，左右太亲者身危。今秦妇人婴儿皆言商君之法，莫言大王之法。是商君反为主，大王更为臣也。且夫商君固大王仇雠也，愿大王图之。"商君归还，惠王车裂之，而秦人不怜。高诱注："卫鞅，卫公子叔痤之子。痤仕魏，相惠王。痤病，惠王视之曰：'若疾不讳，谁可与为国者？'痤曰：'臣庶子鞅可也。'王不听。又曰：'王若不能用，请杀之，无令他国得用也。'鞅由是亡奔秦，孝公封之于商，曰商鞅，卫公之后孙也。或曰，公孙鞅也。"

师辙按，高氏谓鞅为痤子，疑误读《魏策》。盖御庶子乃官名，非痤之庶子。又《吕览·长见》篇高注："御庶子，爵也。"诱固知庶子为官名。此谓鞅为痤子，或为所记异辞。

《战国策·魏策一》：魏公叔痤病，惠王往问之，曰："公叔病，即不可讳，将奈社稷何？"公叔痤对曰："痤有御庶子公孙鞅，愿王以国事听之也。为弗能听（吴曾祺云：为，犹若也），勿使出竟。"王弗应。出而谓左右曰："岂不悲哉！以公叔之贤，而谓寡人必以国事听鞅，不亦悖乎。"公叔痤死，公孙鞅闻之，已葬，西之秦，孝公受而用之。秦果日以强，魏日以削。此非公叔之悖也，惠王之悖也。悖者之患，固以不悖者为悖。

师辙按，《吕览·长见》篇引魏公叔痤事，与此略同。

《韩非子·和氏》篇：商君教秦孝公以连什伍，设告坐之过，燔《诗》《书》而明法令，塞私门之请而遂公家之劳，禁游宦之民而显耕战之士。孝公行之，主以尊安，国以富强，八年而薨，商君车裂于秦。楚不用吴起而削乱，秦行商君法而富强。二子之言也已当矣，然而枝解吴起而车裂商君者，何也？大臣苦法，细民恶治也。

《史记·秦本纪》：孝公元年，河山以东强国六，与齐威、楚宣、魏惠、燕悼、韩哀、赵成侯并。淮泗之间小国十余。楚、魏与秦接界。魏筑长城，自郑滨洛以北，有上郡。楚自汉中，南有巴、黔中。周室微，诸侯力政，争相并。秦僻在雍州，不与中国诸侯之会❶，夷翟遇之。孝公于是布惠，振孤寡，招战士，明功赏。下令国中曰："昔我穆公自岐雍之间，修德行武，东平晋乱，以河为界，西霸戎翟，广地千里，天子致伯，诸侯毕贺，为后世开业，甚光美。会往者厉、躁、简公、出子之不宁，国家内忧，未遑外事，三晋攻夺我先君河西地，诸侯卑秦，丑莫大焉。献公即位，镇抚边境，徙治栎阳，且欲东伐，复穆公之故地，修穆公之政令。寡人思念先君之意，常痛于心。宾客群臣有能出奇计强秦者，吾且尊官，与之分土。"于是乃出兵东围陕城，西斩戎之獠王。卫鞅闻是令下，西入秦，因景监求见孝公。二年，天子致胙。三年，

---

❶ "不与中国诸侯之会"，《史记·秦本纪》"会"下有"盟"字。

卫鞅说孝公变法修刑，内务耕稼，外勤战死之赏罚[1]，孝公善之。甘龙、杜挚等弗然，相与争之。卒用鞅法，百姓苦之；居三年，百姓便之。乃拜鞅为左庶长。其事在《商君》语中。七年，与魏惠王会杜平。八年，与魏战元里，有功。十年，卫鞅为大良造，将兵围魏安邑，降之。十二年，作为咸阳，筑冀阙，秦徙都之。并诸小乡聚，集为大县，县一令，四十一县。（师辙按，《商君传》作"三十一县"，《六国年表》亦作"三十一县"，与此异。）为田开阡陌。东地渡洛。十四年，初为赋。十九年，天子致伯。二十年，诸侯毕贺。秦使公子少官率师会诸侯逢泽，朝天子。二十一年，齐败魏马陵。二十二年，卫鞅击魏，虏魏公子卬。封鞅为列侯，号商君。二十四年，与晋战雁门，虏其将魏错。孝公卒，子惠文君立。是岁，诛卫鞅。鞅之初为秦施法，法不行，太子犯禁。鞅曰："法之不行，自于贵戚。君必欲行法，先于太子。太子不可黥，黥其傅师。"于是法大用，秦人治。及孝公卒，太子立，宗室多怨鞅，鞅亡，因以为反，而卒车裂以徇秦国。

《史记·商君传》：商君者，卫之诸庶孽公子也，名鞅，姓公孙氏，其祖本姬姓也。鞅少好刑名之学，事魏相公叔痤为中庶子。公叔痤知其贤，未及进。会痤病，魏惠王亲往问病，曰："公叔病有如不可讳，将奈社稷何？"公叔曰："痤之中庶子公孙鞅，年虽少，有

---

[1] "外勤战死之赏罚"，"勤"字误，《史记·秦本纪》作"劝"。

奇才，愿王举国而听之。"王嘿然。王且去，痤屏人言曰："王即不听用鞅，必杀之，无令出境。"王许诺而去。公叔痤召鞅谢曰："今者王问可以为相者，我言若，王色不许我。我方先君后臣，因谓王即弗用鞅，当杀之。王许我。汝可疾去矣，且见禽。"鞅曰："彼王不能用君之言任臣，又安能用君之言杀臣乎？"卒不去。惠王既去，而谓左右曰："公叔病甚，悲乎，欲令寡人以国听公孙鞅也，岂不悖哉！"

公叔既死，公孙鞅闻秦孝公下令国中求贤者，将修缪公之业，东复侵地，乃遂西入秦，因孝公宠臣景监以求见孝公。孝公既见卫鞅，语事良久，孝公时时睡，弗听。罢而孝公怒景监曰："子之客妄人耳，安足用邪！"景监以让卫鞅。卫鞅曰："吾说公以帝道，其志不开悟矣。"后五日，复求见鞅。鞅复见孝公，益愈，而未中旨。罢而孝公复让景监，景监亦让鞅。鞅曰："吾说公以王道而未入也。请复见鞅。"鞅复见孝公，孝公善之而未用也。罢而去。孝公谓景监曰："汝客善，可与语矣。"鞅曰："吾说公以霸道，其意欲用之矣。诚复见我，我知之矣。"卫鞅复见孝公。公与语，不自知膝之前于席也。语数日不厌。景监曰："子何以中吾君？吾君之欢甚也。"鞅曰："吾说君以帝王之道比三代，而君曰：'久远，吾不能待。且贤君者，各及其身显名天下，安能邑邑待数十百年以成帝王乎？'故吾以强国之术说君，君大说之耳。然亦难以比德于殷周矣。"

孝公既用卫鞅，鞅欲变法，恐天下议己。卫鞅曰："疑行无名，疑事无功。且夫有高人之行者，固见非于世；有独知之虑者，必见敖于民。愚者暗于成事，知者见于未萌。民不可与虑始而可与乐成。论至德者，不和于俗；成大功者，不谋于众。是以圣人苟可以强国，不法其故；苟可以利民，不循其礼。"孝公曰："善。"甘龙曰："不然。圣人不易民而教，知者不变法而治。因民而教，不劳而成功；缘法而治者，吏习而民安之。"卫鞅曰："龙之所言，世俗之言也。常人安于故俗，学者溺于所闻。以此两者，居官守法可也，非所与论于法之外也。三代不同礼而王，五伯不同法而霸。智者作法，愚者制焉；贤者更礼，不肖者拘焉。"杜挚曰："利不百，不变法；功不十，不易器。法古无过，循礼无邪。"卫鞅曰："治世不一道，便国不法古。故汤武不循古而王，夏殷不易礼而亡。反古者不可非，而循礼者不足多。"孝公曰："善。"以卫鞅为左庶长，卒定变法之令。

　　令民为什伍，而相收司连坐。不告奸者腰斩，告奸者与斩敌首同赏，匿奸者与降敌同罚。民有二男以上不分异者，倍其赋。有军功者，各以率受上爵；为私斗者，各以轻重被刑大小。僇力本业，耕织致粟帛多者复其身。事末利及怠而贫者，举以为收孥。宗室非有军功论，不得为属籍。明尊卑爵秩等级，各以差次名田宅，臣妾衣服以家次。有功者显荣，无功者虽富无所芬华。

　　令既具，未布，恐民之不信己，乃立三丈之木于国都市南门，募民有能徙置北门者予十金。民怪之，莫敢徙。复曰"能徙者予五十金"。有一人徙之，辄予五十金，以明不欺。卒下令。

令行于民期年，秦民之国都言初令之不便者以千数。于是太子犯法。卫鞅曰："法之不行，自上犯之。"将法太子。太子，君嗣也，不可施刑，刑其傅公子虔，黥其师公孙贾。明日，秦人皆趋令。行之十年，秦民大说，道不拾遗，山无盗贼，家给人足。民勇于公战，怯于私斗，乡邑大治。秦民初言令不便者，有来言令便者，卫鞅曰"此皆乱化之民也"，尽迁之于边城。其后民莫敢议令。

于是以鞅为大良造。将兵围魏安邑，降之。居三年，作为筑冀阙宫庭于咸阳，秦自雍徙都之。而令民父子兄弟同室内息者为禁。而集小都乡邑聚为县，置令、丞，凡三十一县。为田开阡陌封疆，而赋税平。平斗桶权衡丈尺。行之四年，公子虔复犯约，劓之。居五年，秦人富强，天子致胙于孝公，诸侯毕贺。

其明年，齐败魏兵于马陵，虏其太子申，杀将军庞涓。其明年，卫鞅说孝公曰："秦之与魏，譬若人之有腹心疾，非魏并秦，秦即并魏。何者？魏居岭厄之西，都安邑，与秦界河而独擅山东之利。利则西侵秦，病则东收地。今以君之贤圣，国赖以盛。而魏往年大破于齐，诸侯畔之，可因此时伐魏。魏不支秦，必东徙。东徙，秦据河山之固，东乡以制诸侯，此帝王之业也。"孝公以为然，使卫鞅将而伐魏。魏使公子卬将而击之。

军既相距，卫鞅遗魏将公子卬书曰："吾始与公子欢，今俱为两国将，不忍相攻，可与公子面相见，盟，乐饮而罢兵，以安秦魏。"魏公子卬以为然。会盟已，饮，而卫鞅伏甲士而袭虏魏公子卬，因攻其军，尽破之以归秦。魏惠王兵数破于齐秦，国内空，日以削，恐，乃使使割河西之地献于秦以和。而魏遂去安邑，徙都大梁。梁惠王曰："寡人恨不用公叔痤之言也。"卫鞅既破魏还，秦封之于商十五邑，号为商君。"

《史记索隐》：於、商，二县名，在弘农。辙按，《竹书纪年》："周显王二十八年，秦封卫鞅于邬，改名曰尚。"徐文靖《竹书统笺》云："《水经注·斯洨水》'又东径乐信县故城南'。《地理志》'巨鹿属县也'，又东入衡水，衡水又北径邬县故城东。《竹书》'梁惠成王十三年，秦封卫鞅于邬，改名曰商'。"据此，则《竹书》改名曰尚。尚，即商也。《商君列传》："卫鞅既破魏还，秦封之于商十五邑。"於，读为乌，古字通。辙按，於、邬假借。《后汉书·光武纪五》"击铜马于鄡"，李贤注："《纪年》'卫鞅封于鄡'。"误"邬"为"鄡"。徐氏不知"尚"为"商"之讹，亦非也。

商君相秦十年，宗室贵戚多怨望者。赵良见商君。商君曰："鞅之得见也，从孟兰皋，今鞅请得交，可乎？"赵良曰："仆弗敢愿也。孔丘有言曰：'推贤而戴者进，聚不肖而王者退。'仆不肖，故不敢受命。仆闻之曰：'非其位而居之曰贪位，非其名而有之曰贪名。'仆听君之义，则恐仆贪位贪名也。故不敢闻命。"商君曰："子不说吾治秦与？"赵良曰："反听之谓聪，内视之谓明，自胜之谓强。虞舜有言曰：'自卑也尚矣。'君不若道虞舜之道，无为问仆矣。"商君曰："始秦戎翟之教，父子无别，同室而居。今我更制其教，而为其男女之别，大筑冀阙，营如鲁卫矣。子观我治秦也，孰与五羖大夫贤？"赵良曰："千羊之皮，不如一狐之掖；千人之诺诺，不如一士之谔谔。武王谔谔以昌，殷纣墨墨以亡。君若不非武王乎，则仆请终日正言而无诛，可乎？"商君曰："语有之矣，貌言华也，至言实也，苦言药也，甘言疾也。夫子果肯终日正言，鞅之药也。鞅将事子，子又何辞焉。"赵良曰："夫五羖大夫，荆之鄙人也。闻秦缪公之贤而愿望见，行而无资，自粥于秦客，被褐食牛。期年，缪公知之，举之牛口之下，而加之百姓之上，秦国莫敢望焉。相秦六七年，而东伐郑，三置晋国之君，一救荆国之祸。发教封内，而巴人致贡；施德诸侯，而八戎来服。由余闻之，款关请见。五羖大夫之相秦也，劳不坐乘，暑不张盖，行于国中，不从车乘，不操干戈，功名藏于府库，德行施于后世。五羖大夫死，秦国男女流涕，童子不歌谣，舂者不相杵。此五羖大夫之德也。今君之见秦王也，因嬖人景监以为主，非所以为名也。相秦不以百姓为事，而大筑冀阙，非所以为功也。刑黥太子之师傅，残伤民以峻刑，是积怨畜祸也。教之化民也深于命，民之效上也捷于令。今君又左建外易，非所以为教也。君又南面而称寡人，日绳秦之贵公子。《诗》曰：'相鼠有体，人而无礼；人而无礼，何不遄死。'以《诗》观之，非所以为寿也。公子虔杜门不出已八年矣，君又杀祝欢而鲸❶公孙贾。《诗》曰：'得人者兴，失人者崩。'此数事者，非所以得人也。君之出也，后车十数，从车载甲，多力而骈胁者为骖乘，持矛而操闟戟者，旁车而趋。此一物不具，君固不出。《书》曰：'恃德者昌，恃力者亡。'君之危若朝露，尚将欲延年益寿乎？则何不归十五都，灌园于鄙，劝秦王显岩穴之士，养老存孤，敬父兄，序有功，尊有德，可以少安。君尚将贪商、於之富，宠秦国之教，畜百姓之怨，秦王一旦捐宾客而不立朝，秦国之所以收君者，岂其微哉？亡可翘足而待。"商君弗从。

后五月，而秦孝公卒，太子立。公子虔之徒告商君欲反，发吏捕商君。商君亡至关下，欲舍客舍。客人不知其是商君也，曰："商君之法，舍人无验者坐之。"商君喟然叹曰："嗟乎，为法之敝，一至此哉！"去之魏。魏人怨其欺公子卬而破魏师，弗受。商君欲之他国。魏人曰："商君，秦之贼。秦强而贼入魏，弗归，不可。"遂内秦。商君既复入秦，走商邑，与其徒属发邑兵，北出击郑。秦发兵攻商君，杀之于郑黾池。

师辙按，《史记·六国年表》："孝公二十四年，孝公薨，商君反，死彤地。"与此异。子长当别有所据，然自相矛盾。《通鉴》卷二："显王十九年，秦魏遇于彤。"胡三省

---

❶ "鲸"，字误，《史记·商君列传》作"黥"。

注:"彤伯所封之国,国于王畿之内。《史记·六国年表》'商君反死彤地',则其地当在汉京兆郑县界。"吴熙载《通鉴地理今释》:"彤,陕西同州府华州。"辙按,民国改华县,仍属陕西省。黾池,即今河南渑池县。陇海铁路经过其地。是彤与黾池,相距约三百余里。或者获商君于黾池,而车裂于彤地欤?

秦惠王车裂商君以徇,曰:"莫如商鞅反者!"遂灭商君之家。

《淮南子·缪称训》:"故商君立法而支解,吴起刻削而车裂。"高诱注:"商鞅为秦孝公立治法,百姓怨之,以罪支解。"

太史公曰:商君,其天资刻薄人也。迹其欲干孝公以帝王术,挟持浮说,非其质矣。且所因由嬖臣,及得用,刑公子虔,欺魏将卬,不师赵良之言,亦足发明商君之少恩矣。余尝读商君《开塞》《耕战》书,与其人行事相类。卒受恶名于秦,有以也夫!

《史记·商君传》裴骃《集解》引《新序》论曰:秦孝公保崤函之固,以广雍州之地,东并河西,北收上郡,国富兵强,长雄诸侯,周室归籍,四方来贺,为战国霸君,秦遂以强,六世而并诸侯,亦皆商君之谋也。夫商君极身无二虑,尽公不顾私,使民内急耕织之业以富国,外重战伐之赏以劝戎士,法令必行,内不私贵宠[1],外不偏疏远,是以令行而禁止,法出而奸息。故虽《书》云

---

[1] "不私贵宠",《史记》裴骃《集解》作"不阿贵宠"。

"无偏无党"，《诗》云"周道如砥，其直如矢"，《司马法》之励戒士，周后稷之劝农业，无以易此。此所以并诸侯也。故孙卿曰："四世有胜，非幸也，数也。"然无信，诸侯畏而不亲。夫霸君若齐桓、晋文者，桓不倍柯之盟，文不负原之期，而诸侯畏其强而亲信之，存亡继绝，四方归之，此管仲、舅犯之谋也。今商君倍公子卬之旧恩，弃交魏之明信，诈取三军之众，故诸侯畏其强而不亲信也。藉使孝公遇齐桓、晋文，得诸侯之统将，合诸侯之君，驱天下之兵以伐秦，秦则亡矣。天下无桓、文之君，故秦得以兼诸侯。卫鞅始自以为知霸王之德，原其事不论也。昔周召施善政，及其死也，后世思之，"蔽芾甘棠"之诗是也。尝舍于树下，后世思其德，不忍伐其树，况害其身乎。管仲夺伯氏邑三百户，无怨言。今卫鞅内刻刀锯之刑，外深铁钺之诛，步过六尺者有罚，弃灰于道者被刑，一日临渭而论囚七百余人，渭水尽赤，号哭之声动于天地，蓄怨积仇比于丘山，所逃莫之隐，所归莫之容，身死车裂，灭族无姓，其去霸王之佐亦远矣。然惠王杀之亦非也，可辅而用也。使卫鞅施宽平之法，加之以恩，申之以信，庶几霸者之佐哉。

《新序·善谋》篇：秦孝公欲用卫鞅之言，更为严刑峻法，易古三代之制度，恐大臣不从，于是召卫鞅、甘龙、杜挚三大夫御于君，虑世事之变，计正法之本，使民之道。君曰："代位不亡社稷，君之道也；错法务明主长，臣之行也。今吾欲更法以教民，吾恐天下之议我也。"公孙鞅曰："臣闻疑行无名，疑事无功，君亟定变法之虑，行之无疑，殆无顾天下之议，且夫有高人之行者，固负非于世；有独知之虑者，必见謷于民。语曰：'愚者暗成事，知者见未萌。'民不可与虑始，可与乐成功。郭偃之法曰：'论至德者，不和于俗；成大功者，不谋于众。'法者所以爱民也，礼者所以便事也。是以圣人苟可以治国，不法其故；苟可以利民，不循其礼。"孝公曰："善。"甘龙曰："不然。臣闻圣人不易民而教，知者不变法而治。因民而教者，不劳而功成。据法而治者，吏习而民安之。今君变法不循故，更礼以教民，臣恐天下之议君，愿君熟虑之。"公孙鞅曰："子之所言者，世俗之所知也。常人安于所习，学者溺于所闻，此两者所以居官而守法也，非所与论于典法之外也。三代不同道而王，五霸不同法而霸。知者作虑，而愚者制焉；贤者更礼，不肖者拘焉。拘礼之人，不足与言事；制法之人，不足与论治。君无疑矣。"杜挚曰："利不百，不变法；功不什，不易器。两闻之（师辙按，"两"字误，当作"臣"），法古无过，循礼无邪，君其图之。"公孙鞅曰："前世不同教，何古之法？帝王者不相复，何礼之循？伏羲神农，教而不诛；黄帝尧舜，诛而不怒；及至文武，各当其时而立法，因事而制礼。礼、法两定，制令各宜，甲兵器备，各便其用。臣故曰：'治世不一道，便国不必古。'故汤武之王也不循古，夏殷之灭也不易礼。然则反古者未可非也，循礼者未足多也，君无疑矣。"孝公曰："善。吾闻穷乡多怪，曲学多辩。愚者之笑，知者哀焉；狂夫之乐，贤者忧焉。拘世之议，人心不疑矣。"于是孝公违龙挚之善谋，遂从卫鞅之过言，法严而酷，刑深而必，守之以公，当时取强，遂封鞅为商君。及孝公死，国人怨商君，至于车裂之，其患惭流至始皇。赤衣塞路，群盗满山，卒以乱亡，削刻无恩之所致也。三代积德而王，齐桓继绝而霸，秦夏严暴而亡（师辙按，"秦夏"当为"秦亥"之讹，盖谓秦二世胡亥也。夏、亥形似），汉王垂亡而帝，故仁恩，谋之本也。

《汉书·食货志》：董仲舒说上曰："秦用商鞅之法，改帝王之制，除井田，民得卖买，富者连阡陌，贫者无立锥之地。"汉兴，循而未改，古井田法虽难猝行，宜少近古，限民名田，以赡不足，塞兼并之路，然后可善治也，竟不能用。

师辙按，民田得买卖，行之至今不废，实商君之制。今日郡县政治，皆其遗法也。规模弘远，信为政治大家。法治精神，农战政策，万古不能废。治国者惟当去其苛刻，损益而用之耳。

《汉书·艺文志》法家：《商君》二十九篇。（班固自注：名鞅，卫后也，相秦孝公，有《列传》。）兵权谋家：《公孙鞅》二十七篇。

《汉志》杂家：《尸子》二十篇。班固注：名佼，鲁人。秦商君师之，鞅死，佼逃入蜀。

《汉志》农家：《神农》二十篇。师古曰："刘向《别录》云：'疑李悝及商君所说。'"

《群书治要》卷三十六引商君子《六法》篇：先王当时而立法，度务而制事。法宜其时则治，事适其务故有功。然则法有时而治，事有当而功。今时移而法不变，务易而事以古，是法与时诡，而事与务易也。故法立而乱益，务为而事废。故圣人之治国也，不法古，不循今，当时而立功，在难而能免。今民能变俗矣，而法不易；国形更势矣，而务以古。夫法者，民之治也；务者，事之用也。国失法则危，事失用则不成。故法不当时，而务不适用，而不危者，未之有也。

《玉海》卷五十三：《商子》，《汉志》法家"《商君》二十九篇，名鞅，相秦孝公"。《隋志》"《商君书》五卷（《唐志》五卷，或作《商子》）"。《书目》"《商子》五卷"。《史记》"尝读商君《开塞》《耕战》书，与其人行事相类"。今是书具存，共二十六篇。（本二十九，今三篇亡。）晋庾峻曰："秦塞斯路，利出一官，虽有处士之名，而无爵列于朝者，《商君》谓之六蝎，《韩非》谓之五蠹。"（《文心雕龙》云："《商》《韩》之六虱、五蠹。"）

《四库全书总目提要·子部》法家类：《商子》五卷，旧本题秦商鞅撰。鞅事迹具《史纪❶》。鞅封于商，号商君，故《汉志》称《商君》二十九篇。《三国志·先主传》注，亦称《商君书》。其称《商子》，则自《隋志》始也。（师辙按，此误，称《商子》自《新唐书》始，非《隋志》。）陈振孙《书录解题》云："《汉志》二十九篇，今二十八篇，已亡其一。"晁公武《读书志》

---

❶ "纪"，字误，《四库全书总目提要》作"记"。

则云：“本二十九篇，今亡者三篇。”《读书志》成于绍兴二十一年，既云已阙三篇。《书录解题》成于宋末，乃反较晁本多二篇。盖两家所录，各据所见之本，故多寡不同欤。此本自《更法》至《定分》，目凡二十有六，似即晁氏之本。然其中第十六篇、第二十一篇，又皆有录无书，则并非宋本之旧矣。《史记》称读鞅《开塞》书，在今本为第七篇，文义甚明。而司马贞作《索隐》，乃妄为之解，为晁公武所讥。知其书唐代不甚行，故贞不及睹。又《文献通考》引周氏《涉笔》，以为鞅书多附会后事，拟取他词，非本所论著。然周氏特据文臆断，未能确证其非。今考《史记》称秦孝公卒，太子立，公子虔之徒告鞅欲反，惠王乃车裂鞅以徇。则孝公卒后，鞅即逃死不暇，安得著书？如为平日所著，则必在孝公之世，又安得开卷第一篇，即称孝公之谥？殆法家者流，掇鞅余论以成编，犹管子卒于齐桓公前，而书中累称桓公耳。诸子之书，如是者多，既不得撰者之主名，则亦姑从其旧，仍题所托之人矣。

《四库全书简明目录·子部》法家类：《商子》五卷，旧本题秦商鞅撰。周氏《涉笔》谓其书多附会后事，拟取他词，非本所论著。今案开卷称孝公之谥，则谓不出鞅手良信。然其词峻厉而刻深，虽非鞅作，亦必其徒述说之，非秦以后人所为也。《汉志》载二十九篇，至宋佚其三篇，今有录无书者，又二篇。

梁章钜《退庵随笔》卷十五：《商子》本二十九篇，著录《汉志》，至宋佚其三篇，今有录无书者又二篇。其开卷第一篇，即称秦孝公之谥，则显非鞅所手著，殆法家者流掇拾鞅之诸论，以成是编耳。

陈澧《东塾读书记》卷十二：商鞅云："以良民治，必乱至削；以奸民治，必治至强。"（《说民》篇）"行刑，重其轻者，轻其重者。"（同上）"重刑而连其罪。"（《垦令》篇）"王者刑九赏一。"（《去强》篇）"王者刑用于将过，赏施于告奸。"（《开塞》篇）"求过不求善。"（同上）呜呼！既以奸民待良民，刑九而赏一矣，而赏又施于告奸，则不啻刑十而赏无一也。又云："国有礼、有乐、有《诗》、有《书》、有善、有修、有孝、有弟、有廉、有辩，国有十者，上无使战，必削至亡；国无十者，上有使战，必兴至王。"（《去强》篇）"六虱，曰礼乐，曰《诗》《书》，曰修善，曰孝悌，曰诚信，曰贞廉，曰仁义，曰非兵，曰羞战。国有十二者，上无使农战，必贫至削。"（《靳令》篇）呜呼！礼、乐、《诗》、《书》、仁、义，不必与论矣；若孝悌，则自有人类以来，未有不以为美者，而商鞅以为虱，以为必亡必削。非枭獍而为此言哉？亲亲尊尊之恩绝矣（此太史公《论六家要指》语），车裂不足蔽其辜也。《庄子》云："夫至仁尚矣，孝固不足以言之。"（《天运》篇）此其言孝，意已轻之，犹不至如商鞅之甚也。（谢上蔡云："孝弟可以论仁，而孝弟非仁也。"此语令人骇绝。儒者安得有此言乎？此朱子记上蔡《论语疑义》所引，盖不误也。）又曰：自古帝王之法，至商鞅而变。其言曰："苟可以强国，不法其故；苟可以利民，不循其礼。"(《史记》列传)尸佼著书,非先王之法,不循孔氏之术(刘向《孙卿子后序》),商鞅师之也(见《艺文志》)。《尸子》书已佚,观近人辑本,大约近于名家之说,如云"以实核名,百事皆成"(《分》篇),又云"明分则不蔽,正名则不虚"(《发蒙》)是也。盖其悖谬之语尽佚矣,是则尸佼之幸也!

又曰:商鞅书之可取者,曰:"圣人为法,必使之明白易知。"(《定分》)"圣人有必信之性,又有使天下不得不信之法。"(《画策》)"国皆有潜法,而无使法必行之法。国皆有禁奸邪刑盗贼之法,而无使奸邪盗贼必得之法。"(同上)"人主使其民信如日月,此无敌矣。"(《弱民》)"今乱国不然,恃吏,吏虽众,同体一也。"(《禁使》)"初假吏民奸诈之本,而求端悫其末,禹不能以使十人之众,庸主安能以御一国之民?"(《慎法》)"无宿治,则邪官不及为私利于民,而百官之情不相稽。"(《垦令》)"凡人臣之事君也,多以主所好事君。君好法也,则臣以法事君;君好言也,则臣以言事君。"(《修权》)"有土者不可以言贫,有民者不可以言弱。地诚任,不患无财;民诚用,不畏强暴。"(《错法》)"国富则淫,淫则有虱,有虱则弱。"(《说民》)"农则朴,朴则安其居而恶出。"(《算地》)"故其国刑不可恶,而爵禄不足务也,此亡国之兆也。"(同上)"兵法,大战胜,逐北无过十里;小战胜,逐北无过五里。兵起而程敌,政不若者勿与战,食不若者勿与久,敌众勿为客;敌尽不如,击之勿疑。故曰兵大律在谨。"(《战法》)"故王者之政，使民怯于邑斗，而勇于寇战。"(同上)"国乱者，民多私义；兵弱者，民多私勇，则削国之所以。取爵禄者多涂人，亡国之所以。"(《画策》)

　　章炳麟《訄书》商鞅篇：商鞅之中于谗诽也二千年，而今世为尤甚。其说以为自汉以降，抑夺民权，使人君纵恣者，皆商鞅法家之说为之倡。乌乎！是惑于淫说也甚矣。法者，制度之大名。周之六官，官别其守而陈其典，以扰乂天下，是之谓法。故法家者流，则犹通俗所谓政治家也，非胶于刑律而已。后世之有律，自萧何作《九章》始，远不本鞅，而近不本李斯。张汤、赵禹之徒起，踵武何说而文饰之，以媚人主，以震百辟，以束下民，于是乎废《小雅》。此其罪则公孙弘为之魁，而汤为之辅，于商鞅乎何与？鞅之作法也，尽九变以笼五官，核其宪度而为治本。民有不率，计划至无俚，则始济之以攫杀援噬。此以刑维其法，而非以刑为法之本也。故太史公称之曰："行法十年，秦民大悦，道不拾遗，山无盗贼，家给人足。"今夫家给人足，而出于虔刘之政乎？功坚其心，纠其民于农牧，使向之游惰无所业者，转而傅井亩。是故盖藏有余，而赋税亦不至于缺乏。其始也觳，其终也交足，异乎其厉民以鞭箠而务充君之左藏者也。及夫张汤，则专以见知、腹诽之法，震怖臣下，诛锄谏士，艾杀豪杰，以称天子专制之意。此其鹄惟在于刑，其刑惟在于簿书筐箧，而五官之大法勿与焉，任天子之重征敛、恣调发而已矣。有拂天子意者，则以为天子深文治之，并非能自持其刑也。是故商鞅行法而秦日富，张汤行法而汉日贫，观于汲黯之所讥，则可知矣。繇汤之法，终于盗贼满山，直指四出，上下相蒙，以空文为治，何其与鞅反也？则鞅知有大法，而汤徒知有狴狱之制耳。法家与刀笔吏，其优绌诚不可较哉！且非特效之优绌而已，其心术亦殊绝矣。迹鞅之进身与处交游，诚多可议者，独其当官，则正如檠榜而不可纾。方孝公以国事属鞅，鞅自是得行其意，政令出内，虽乘舆亦不得违法而任喜怒，其贤于汤之窥人主意以为高下者亦远矣。辱太子，刑公子虔，知后有新主能为祸福，而不欲屈法以求容阅。乌乎！其魁垒而骨髓也。庸渠若弘汤之徒，专乞哀于人主，藉其苛细以行佞媚之术者乎？夫鞅之一日刑七百人以赤渭水，其酷烈或过于汤，而苛细则未有也。观其定令，如《列传》所言，略已具矣。吾以为酷烈与苛细者，则治乱之殊，直佞之所繇分也。何者？诛意之律，反唇之刑，非有所受也。汤以为不如是不足以媚人主，故瘁心力而裁制之，若鞅则无此矣。周兴、来俊臣之酷烈也，又过于鞅，然割剥之憯，乱越无条理，且其意亦以行媚，而非以佐治，则鞅于此又不屑焉。嗟乎！牛羊之以族蠡传者，虑其败群，牧人去之而无所遴。刑七百人，盖所以止刑也。俄而家给人足，道不拾遗矣。虽不刑措，其势将偃齐斧以攻櫄桷。世徒见鞅初政之酷烈，而不考其后之成效，若鞅之为人，终日持鼎镬以宰割其民者，岂不缪哉！余观汉氏以降，刀笔吏之说，多傅《春秋》，其义恣君抑臣，流虵而及于民。汤之用"决事比"，其最俶矣。自是可称道者，特旌旗之以文无害之名，而不能谓之有益于百姓。是其于法家，则犹大岩之与礐也。今缀学者不能持其故，而以"抑民恣君"蔽罪于商鞅。乌乎！其远于事情哉，且亦未论鞅之世矣。夫使民有权者，必其辩慧之士可与议令者也。今秦自三良之死，后嗣无法，民无所则效。至鞅之世，而冥顽固以甚矣。后百余岁，荀子犹曰秦无儒。此其蠢愚无知之效也。以蠢愚无知之民，起而议政令，则不足以广益，而只以淆乱是非，非禁之将何道哉？后世有秀民矣，而上必强阏之，使不得与议令。故人君尊严若九天之上，萌庶缩朒若九地之下，此诚昉于弘、汤之求媚，而非其取法于鞅也。藉第令效鞅，鞅固救时之相而已，其法取足以济一时，其书取足以明其所行之法，非若儒、墨之箸书欲行其说于后世者也。后世不察鞅之用意，而强以其物色效之。如孙复、胡安国者，则谓之愚之尤；如公孙弘、张汤者，则谓之佞之尤。此其咎皆基于自取，而鞅奚罪焉？吾所为谳鞅者，则在于毁孝弟、败天性而已。有知其毒之酋腊而制之，其勿害一也。昔者蜀相行鞅术，至德要道弗踣焉。贾生亦好法也，而非其遗礼义、弃仁恩。乃若夫挽近之言新法者，以父子异财为宪典，是则法乎鞅之秕稗者也。宝其秕稗，而于其善政则放绝之，人言之庋也，一至是哉。夫民权者，文祖五府之法，上圣之所以成既济也。有其法矣，而无其人，有其人矣，而无其时，则三统之王者起而治之。降而无王，则天下荡荡无文章纲纪，国政陵夷，民生困敝，其危不可以终一铺。当是时，民不患其作乱，而患其骀荡姚易，以大亡其身。于此有法家焉，虽小器也，能综核名实，而使上下交蒙其利，不犹愈于荡乎？苟曰：吾宁国家之不理，民生之不遂，而必不欲使法家者整齐而撙绌之，是则救饥之必待于侁饭，而诫食壶飧者以宁为道殣也。悲夫！以法家之鸷，终使民生，以法家之刻，终使民膏泽。而世之仁人流涕洟以忧天下者，猥以法家与刀笔吏同类而丑娸之，使九流之善，遂丧其一，而莫不府罪于商鞅。嗟乎！鞅既以刑公子虔故蒙恶名于秦，而今又蒙恶名于后世。此骨鲠之臣所以不可为，而公孙弘、张汤之徒，宁以佞媚持其禄位者也。

梁启超著《中国六大政治家》，有《商鞅》一篇，文繁未录。

附录增补

孙诒让重校《商子·境内》篇

《商君书》廿六篇，《境内》第十九，纪治秦御军颁爵之制甚详。元、明旧刻，及孙星衍、严万里、严可均、师辙按，万里，即可均，为一人。详余《商君书解诂定本》。钱熙祚诸校本皆讹，至不可读。余旧校正数事，录入《札迻》，今更审核，释之如左。光绪乙未夏四月也。

四境之内，丈夫女子皆有名于上，生者著，死者削。"生"字，旧本夺。俞樾《商子平议》据《去强》篇增。其有爵者乞无爵者以为庶子，句。级乞一人。言有爵一级，则得乞一人。其无役事也，其庶子役其大夫月孙校本无，依严本补。六日。言无事，则每月庶子役其所主之大夫六日。其役事也，随而养之。此言有事之时，则其大夫养其所乞之庶子也。军爵，自一级以下至小夫，命曰校徒操出。"出"字误。俞云："疑当作'士'。"公爵自二级以上至不更，命曰卒。公爵，犹功爵。二级上造，不更第四级，然则大夫以上不为卒。其战也，五人来薄为伍，来，疑当为"束"。《尉缭子》有束伍令。薄，古"簿"字，本亦作"簿"。一人羽而轻而四人，羽，犹言负羽也。盖言一人负羽，为四人率。又疑"羽"当为"死"，"轻"当为"刭"。言一人死事，则四人受刑，下文云"战及死事，而轻短兵"可证。能人得一首则复。夫劳爵"夫劳爵"上有夺文。其县过三日，有不致士大夫劳爵能。当为"罢"。此十四字，与上文不相属，疑当在后文"将军以不疑致士大夫劳爵"下，误错著于此。上"夫劳爵"三字，即蒙彼上文而衍。五人一屯长，百人一将。其战，百将、屯长不得斩首。此句亦疑有夺误。得三十三首以上，盈论，句。百孙本误作"伯"，依严本正。将、屯长赐爵一级。五百主短兵五十人，二五百旧作"霸"，误。今依严本正。主将之。言主将五百人。《韩非子·定法》云："商君之法曰：'斩一首者，爵一级。欲为官者，为五十石之官。斩二首者，爵二级。欲为官者，为百石之官。'以此文推之，五十石官当即屯长，百石官当即百将。"主短兵者。句。千石之令，短兵百人。八百之令，短兵八十人。七百之令，短兵七十人。六百之令，短兵六十人。国封尉，短兵千人。俞云："'封'字衍。"下文两言"国尉分地"可证。将，短兵四千人。将，上疑有夺字。战及死吏，疑当为"事"。而轻短兵，轻，当为"到"。言主将死事，则短兵受刑。能一首则优。"能"下当夺"人得"二字。优，当为"复"。上云："能人得一首则复。"能攻城围邑，斩首八千已上，则盈论。句。野战，斩首二千，则盈论。句。延钊谨按，浙刻严本"论"字误作"谕"。吏自操及校，孙本误作"杖"，依严本正。以上大将尽赏。句。行间之吏也。孙校本无，今从严本。故爵公士也，就为上造也。二"也"字，并疑衍。故爵上造，就为簪褭。故爵簪褭，四字旧夺。依俞校增。就为不更，就为大夫。旧作"故爵为大夫"，夺"不更旧"三字，依俞校增。爵吏而为县尉，则赐虏六，加五千六百。上云"吏自操及校以上"，则此文亦谓公士以下至小夫操校之属也，在军爵为至卑。县尉职崇，不宜更赐卑爵，故改赐囚虏六，益禄五千六百也。**爵大夫而为国治，就为大夫。**爵大夫，谓五大夫以上军爵之尊者。为国治，盖言本为庶人，就为大夫。言就其爵而官之。上言有官而爵卑者，则改爵而为赐。此言无官而有爵尊者，则因爵而命以官，皆所以优异也。**故爵大夫，就为公大夫。**故爵公大夫，五字旧夺，今依俞校增。**就为五大夫，则税邑三百家。故爵五大夫，就为大庶长。故大庶长，就为左更。故四更也，就为大良造，**"就为大庶长"以下廿二字，旧错简误著"就正卿"下，今依俞校移此。俞云："'大庶长'之'大'，并衍文。"《汉·百官表》："爵十左庶长，十一右庶长，十二左更，十三中更，十四右更，十五上造，十六大上造，十七驷车庶长，十八大庶长。"是大庶长之爵尊于左更，乃云"故大庶长，就为左更"，不可通矣，故知"大"字衍文也。此庶长兼左右庶长而言，谓故五大夫者，就为左右庶长也。左右庶长之上，即是左更，故曰故庶长就为左更。四更"四"字，乃"三"字之误。古书"三"字每误作"四"。三更者，并左更、中更、右更而数之也。由左更、中更、右更而上之，既为少上造、大上造，故曰"故三更"也。就为大良造，大良造即大上造也。不言少良造者，或文不备。或大少良造，亦犹左右庶长，分之则为二，合之则为一耳。**皆有赐邑三百家。**赐税三百家，爵五大夫，上云"税邑赐邑"，此云"赐税"，义同文异。言未有爵而得赐邑三百家者，爵以五大夫。**有税邑六百家者，受客**此句有夺误。"受"疑当为"就","客"下疑夺"卿"字。就客卿，犹言就正卿也。**以战故暴首。**三暴首，犹暴尸。言陈而较之，"三"疑当为"正"，属下读。**乃校三日，**谓校所得首级之多寡，以秩其赏。以三日为期，其县过三日不致士大夫劳爵罢。**将军以不疑致士大夫劳爵。**不疑言功次已定，无所疑也。上云"其县过三日有不致士大夫劳爵能"十四字，疑当在此下。**其县四尉，訾犹丞尉。**訾，量也，见贾逵《国语注》。言量首级之多少，丞尉职之。**能得甲首一者，赏爵一级，益田一顷，益宅九亩，**一此字衍。**除庶子一人，乃得人兵官之吏。**乃，若也。得人兵，谓得兵器也，亦官之为吏。**其狱法，**句。**高爵訾下爵级。**言使贵者訾量贱者所得之首级。**高爵能，**句。**无给有爵人隶仆。**能，亦当为"罢"。言高爵有辜而罢，无得给有爵之人为隶仆，然则卑爵罢，给有爵人为隶仆矣。**爵自二级以上，有刑罪则贬爵。自一级以下，有刑罪则矣。**严本作"则已"。**小夫各本并作"夫"。**孙本、严本作"失"，非。**死以上至大夫，**句。**其官爵一等，其墓树，**各本到，依严本乙。**级一树。**墓树之数，以爵为差。**其攻城围邑也，国司空訾其城之广厚之数。国尉分地，以徒校分积尺而攻之，为期，曰：先已者当为最启，**各本作"国"，依严本正。**后已者訾为最殿，**后，各本作"家"，依严本正。**再訾则废。**言再訾殿，则废其人不复用。**内通则积薪，积薪则燔柱。**此言攻城之事。内，当为"穴"。《墨子·备穴》篇即穴攻之法。**陷队之士，面十八人。**各本下衍"之"字，依严本删。**陷队依严本乙。之士知疾斗，不得斩首，**陷队之士，登城夺险，不得贪斩首级也。

队五人，此三字有误。则陷队之士、人赐爵一级，死则一人后，录其后一人。不能死之千人环，千人，疑有误。环，当为"轘"，谓车裂之刑。规谏黥劓盖言阻挠军事。于城下。国尉分地，以中卒随之。将军为木壹，言植木一以为表识。与国正监，句。与正御史参望之。正，旧本作"王"，依严本正。其先入者举为最启，其后入者举为最殿。其陷队也，尽其几者。几，余也。几者不足，乃以欲级益之。言余卒不足，乃以他卒之欲得爵级者益也。

　　师辙按，孙仲容先生校《商子》，见于《札迻》者，余已采入《解诂》。庚寅冬，余由中山大学退休来杭，晤仲容先生喆嗣孟晋延钊君于文物保管委员会。孟晋以所撰《孙征君籀庼公年谱》相示，得见仲容先生有重校《商子·境内》篇，乃晚年手稿，益见前贤治学用力之勤。斯篇尚有足与余书相发明者，亟录补于附录中，以享海内嗜学之士。孟晋君所撰《年谱》，尚未刊行，其中仲容先生断简遗文，珍奇孔多，亦望好事者为刊行也。

《商子》校勘诸家所见各本

孙星衍校刊《商子》五卷所据各本：
绵眇阁所刻先秦诸子本；
程荣校刊汉魏丛书本；
吴勉学二十子本；
朱蔚然校刊二卷本（《更法》至《修权》为上卷，《来民》至《定分》为下卷）；
郑窦刊本。

严万里校刊《商君书》五卷所据各本：
元刻本；
秦四麟校刊本；
范钦本（即天一阁本）；
叶校本（《去强》《徕民》《赏刑》三篇，引三条，但严氏未言叶氏何人）。

俞樾《诸子平议》校《商子》所据各本：
郑窦本；
孙星衍校本；
施氏先秦诸子本。

孙诒让《札迻》校《商子》所据各本：

严万里校刊本；

孙星衍校刊本；

钱熙祚校刊本（即指海本）；

传录严可均校本（师辙按，可均即万里。孙氏尚不知为一人。但其二本，颇有异同，似万里本在前，可均传钞本在后，可证严氏校刊之得失）。

陶鸿庆《诸子札记》校《商子》本：

严万里校本；

崇文书局本。

余《商君书解诂》所据各本：

明绵眇阁本（即先秦诸子合编本，明万历橅李冯梦桢校刻，法家《商子》五卷）；

明吴勉学校刊二十子本（余家藏初印二十子本，《商子》五卷，卷一黄之寀校；卷二、卷四，吴勉学校；卷三、卷五，吴中珩校。盖初为黄之寀刊，后刊版归吴勉学，吴氏将各校刊名氏刬去，易以己名。余书题曰吴本，以归简易，而著其说于此，以俟后人知其本原）；

明评校本（余得明本，失序跋，不知何人校。前题：秦卫人公孙鞅著。于目录中分五卷，本文不另分卷。有圈点句读，间有注及眉评，胜冯觐本）；

冯觐评校本（明嘉靖己未刊，有圈点眉评，间有注，多与汇函本同）；

程荣汉魏丛书本；

范钦本（即天一阁本）；

归有光诸子汇函本（此下四本皆节钞数篇非全文）；

陈仁锡诸子奇赏本；

王志远诸子合雅本；

陈深诸子品节本（以上皆明刊本）；

清四库本；

清严万里校本（题西吴严万里叔卿校。按，万里即严可均。严氏著述甚富，皆题乌程严可均铁桥。独《商君书》校本，所题地方名号，皆与他书不同，故学子鲜知其为一人。说详《凡例》）；

钱熙祚本（即指海本）；

孙冯翼校问经堂丛书本；

崇文书局刊本（此本最劣，然亦有可采者）。

师辙按，《商子》，余所见都十五本，合以他家所见，为二十二本。虽以孙星衍、严可均搜辑之富，皆云未见宋本。严氏仅见元刻本，似亦不甚精，但称以秦四麟本为善。今元刻亦不可见，余所见以绵眇阁本及明刊评校本为稍异，其余各本亦互有得失。近代皆推严万里校本，余以各本参校，知其武断妄改而未注明者甚多。今皆证误注明详列书中，可谓集各本之长。有余《解诂》一书，无异全睹各本矣。